Patrick Lynen

how to get
VERÄNDERUNG

Krisen meistern, Ängste loslassen,
das Leben lieben!

Dies ist kein therapeutisches Buch. Therapie ist nach dem Verständnis der Macher die Behandlung von Krankheiten. Dieses Buch versucht nur, Klärungen und Lösungen für Scharniermomente im Leben zu bieten. Die folgenden Seiten sind nicht dazu geeignet, gesundheitliche Störungen oder persönliche Probleme zu diagnostizieren oder zu behandeln. Der Autor und der Verlag übernehmen daher keine Haftung für Folgen jedweder Art, die sich direkt oder indirekt aus dem Lesen oder den Übungen dieses Buches ergeben. In manchen Lebenssituationen kann es sinnvoll sein, sich professionelle therapeutische Hilfe zu holen. Hausärzte können in der Regel geeignete Fachleute wie Psychologen, Psychotherapeuten oder Neurologen empfehlen.

© KOHA-Verlag GmbH Burgrain
Alle Rechte vorbehalten
1. Auflage 2016

Lektorat: Nayoma de Haën
Layout: Reiner Bergmann/SEHiGEL.DE, Aachen
Illustrationen: © Reiner Bergmann/SEHiGEL.DE, Aachen
Autorenfoto: © Amanda Berens, Köln
Cover: © Reiner Bergmann/SEHiGEL.DE, Aachen
Gesamtherstellung: Karin Schnellbach
Druck: Finidr, Tschechien
ISBN 978-3-86728-305-2

Am Ende wird alles gut.
Wenn es nicht gut ist,
ist es noch nicht das Ende.

Oscar Wilde

Gedanken

Wir können nicht mutig sein, ohne Angst zu kennen.

Wir können nicht stark sein, ohne verletzlich zu sein.

Wenn wir uns ehrlich zeigen, geben wir anderen Menschen unbewusst die Erlaubnis, dasselbe zu tun.

Wenn wir uns öffnen, um unsere Erfahrungen zu teilen, unsere Ängste, Gedanken, unseren Schmerz und unsere Freude, unsere tiefsten inneren Gefühle – welche Kraft entsteht da, welches Lernen erfolgt dann.

Dania König

Dania König, erfolgreiche Komponistin zahlreicher Hits, lebt in einem kleinen Dörfchen in der Nähe von Köln. Über den Autor sagt sie: »Patrick zeigt und öffnet sich in berührender Weise, um seine Erfahrungen mit uns zu teilen. Er schöpft dabei aus einem nahezu unbegrenzten Repertoire.«

Vorwort

Warum ist es so schwer, sich neu zu erfinden, etwas zu wagen, oder im richtigen Moment aufzuhören? Instinktiv schrecken wir vor dem Unbekannten zurück und halten uns lieber an das Altvertraute.

Doch das Leben geht vorwärts. Unsere Lebensumstände ändern sich, ob es uns gefällt oder nicht. Die Kunst besteht darin, das Unveränderliche gelassen anzunehmen und das Veränderbare mutig beim Schopf zu packen.

Was es dazu braucht, weiß Patrick Lynen aus eigener Erfahrung: Aus einer Fülle von Zutaten wie Offenheit, Selbstliebe, Beharrlichkeit, Verzeihen, Intuition, Verrücktheit und Leichtigkeit braut er einen herzhaften Stärkungstrank für herausfordernde Zeiten. Zu Ihrem und unser aller Wohl!

Viel Spaß mit diesem besonderen Buch wünscht Ihnen

Ihr Konrad Halbig, Verleger

Inhalt

Gedanken 5
Vorwort 7
In der Strömung gefangen 10
Veränderung als neue Konstante 11
Perspektiven und Erkenntnisse 14
Phasen des Übergangs 16
Routine versus Leben 18
Erkennen, akzeptieren und erforschen 20
Was ist wahr? 20
Cool bleiben 22
Phasen der Veränderung 25
Tal der Tränen 28
Und dann kam alles anders 29
Ohne deine Vergangenheit bist du plötzlich frei 30
Vergebung und Heilung 34
Ja-aber-Syndrom 34
Eckpfeiler der Existenz 36
JA zum Leben sagen 37
Bewahren, kontrollieren, beherrschen 38
Das Loch in uns 42
Jedem Absturz wohnt ein Zauber inne 44
Von der Wippe springen 45
Stück für Stück zum Glück 46
Ein sicherer Job 50
Lebensbilanz 51
Der Brief einer alten Dame 54
Ich will so bleiben wie ich bin 55
Der rote Knopf 56
Die Vorzeichen erkennen 58
Das Leben sendet immer Zeichen 60
Wie Motivation funktioniert 61
Welches Ziel motiviert mich? 62
Und los! 65

Bis man sich verpflichtet hat..66

Das Gesetz der Resonanz..69

Ein neuer Horizont 67

Was werden bloß die Nachbarn sagen? 68

Think different..71

Alles nur in meinem Kopf...72

Mangelnde Vitalität 73

Autosuggestion: Das Richtige denken...75

Die Kraft der Imagination...77

Einfach nur dein Ändern leben 78

Saboteure des Glücks 80

Geben macht glücklich 81

Jammern heißt klammern 82

Das nackte Überleben 83

Kommt das alles aus dem Nichts?..85

Der Weg des Herzens 86

Alles Gute kommt von oben...89

Das System ist immer stärker 94

Der wichtigste Mensch im Leben 96

Man kann es nicht allen recht machen..98

Die anderen lassen, wie sie sind..99

Die Liebe – ein komplexes Phänomen..101

Warum verlieben wir uns immer wieder in die »Falschen«?.........102

Wundervolle Lehrer 104

Hass ist wie ein heißer Stein 105

Von Urteilen, Dogmen und Bewertungen 107

Jedem Ende wohnt ein Zauber inne 108

Gut, dass es dir schlecht geht...109

Eine lange Weile 110

Turbulenzen auf dem Weg..111

Gedanken von Meryl Streep 113

Rituale der Herde 116

Happy End 118

In der Strömung gefangen

»Hier Knopf drücken, damit alles wieder gut wird.« Das Bild auf Facebook lockt mit großen Versprechungen. Mensch, das wäre was: Einfach auf den Button drücken und mit einem Klick alle aktuellen Probleme beseitigen! Doch die Realität sieht anders aus: Meine Gedanken drehen sich heute im Kreis. Immer schneller und schneller. Und kein Knopf weit und breit. Also los, eine Runde mit dem Rad fahren. Irgendwie runterkommen. Der Körper fühlt sich danach deutlich besser – doch die Sorgen und Zweifel kommen zurück. »Wo wird das nur alles hinführen?« Ich notiere spontan ein paar Wörter, die mir durch den Sinn gehen: …loslassen, zulassen, frei lassen, gehen lassen, gelassen, offen lassen, weg lassen, zurück lassen.

Viele Menschen durchleben in diesen Tagen eine enorme Welle von Ängsten und Sorgen. Sie fürchten sich, sie schlafen schlecht, sie haben Angst vor der Zukunft. Daraus entsteht leicht ein Teufelskreis. Angst macht starr und klamm. Wird sie groß, kann daraus Neid und Hass entstehen. In diesem Buch geht es genau darum – um die Ängste und Sorgen, die wir derzeit erleben. Um das Gefühl der Ohnmacht angesichts einer sich massiv verändernden Umgebung. Und es geht darum, wie wir aus unserem Hamsterrad aussteigen können. Denn nicht das Hamsterrad selbst zwingt uns zum schnellen Laufen – es dreht sich nur so schnell, weil wir so schnell laufen.

In Zukunft wird es vor allem die innere Gelassenheit sein, welche darüber entscheidet, ob wir in der modernen Welt bestehen. Studien aus den USA weisen nach, dass es Menschen, die bei sich sind und ihre Gefühle und die anderer kennen und gut deuten können, eher gelingt, komplexe Probleme zu lösen. Sie sind stressresistenter und leiden darüber hinaus seltener unter Angstzuständen, Schizophrenie oder Borderline-Verhalten.

Veränderung als neue Konstante

Wir erleben einen permanenten Zuwachs von Tempo und Möglichkeiten. In der Technik, in der Gesellschaft, im Erleben. Wir fühlen uns dabei oft wie in einer Strömung gefangen. Noch vor vierzig Jahren haben wir einen Brief verschickt und er kam im Idealfall am übernächsten Tag an. Heute können wir die gleiche Botschaft binnen Millisekunden von A nach B schicken. Unser Reisetempo hat sich ungeheuer beschleunigt und die durchschnittliche Schlafenszeit eines Mitteleuropäers ist etwa 120 Minuten pro Tag kürzer. Und wir erleben eine Völkerwanderung, die in rasender Geschwindigkeit Hunderttausende Menschen nach Mitteleuropa bringt.

Die größte Gefahr in Zeiten der Veränderung ist nicht die Veränderung selbst.

Die größte Gefahr ist, mit der Logik von gestern darauf zu reagieren.

In Zeiten großer Veränderungen klammern sich die meisten Menschen erst mal an Handlungsmuster und Werte, die ihnen in der Vergangenheit ein gutes Leben geschenkt haben. Sie verteidigen ihre Gewohnheiten. Sie akzeptieren nicht, dass sich ihr Umfeld so grundlegend verändert, dass sie sich auch selbst verändern müssen, um mit der Situation klarzukommen. Doch selbst wenn das Erlebte bizarr und traumatisierend sein sollte, führt kein Weg darum herum, uns mit vollem Bewusstsein die Tatsache anzuschauen: Alles, was irgendwo auf unserem Planeten passiert, hat längst auch Einfluss auf uns. Ob Umwelt, Klimawandel, Finanzmärkte, politische Konflikte, die Streitigkeiten um Rohstoffe, die aktuellen Migrationsbewegungen oder die Verteilungskämpfe um Nahrung und Wasser. In Zeiten der Veränderung geht es vor allem darum, gut für uns selbst zu sorgen und immer wieder unsere innere Mitte zu finden, um mit den sich daraus ergebenden Umbrüchen, Sorgen und Ängsten besser klarzukommen. Es geht darum, die Veränderungen anzuerkennen und sich vor dem Hintergrund dieser Akzeptanz eine innere Insel zu bauen, von der wir immer wieder gestärkt zurück in den Trubel treten können. Denn auf die Dauer können wir uns dem Wirbel nicht entziehen. Wir können uns nur immer wieder aufs Neue für eine Weile aus dem Sog befreien. In diesem Buch geht es darum, wie das am besten funktioniert. Alle folgenden Gedanken sind wie ein wundervoller Werkzeugkasten, aus dem du dich nach Lust und Laune bedienen kannst. Nimm dir, was du brauchen kannst – und lass den Rest einfach liegen.

Herzliche Grüße,

Patrick Lynen, im Januar 2016

Die reinste Form des
Wahnsinns ist es,
alles beim Alten zu lassen
und gleichzeitig zu hoffen,
dass sich etwas ändert.

Albert Einstein

Perspektiven und Erkenntnisse

In meiner Jugend habe ich viele Aushilfsjobs gemacht. Ich war Burger-Bräter bei McDonalds, wo sich die Klofrau Sprüche wie »…also, an Ihrer Stelle würde ich mich schämen« anhören musste. Später war ich Auslieferungsfahrer für eine Großküche und erlebte jeden Tag Senioren, die in Einsamkeit ihren Tag fristeten und für die mein »Essensservice« der einzige Lichtblick ihres langen Tages war. (Der anstrengendste Job in dieser Zeit war erstaunlicherweise der als Parkwächter. Den hatte ich völlig unterschätzt. Das lange Sitzen im Kassenhäuschen machte mir höllische Rückenschmerzen.)

In dieser Zeit habe ich sehr viele Menschen kennengelernt, die mit ihrer Umgebung, ihren Jobs und ihrem Leben unglücklich waren und meinten, an ihrem Zustand nichts ändern zu können. Man könnte sagen, sie verschliefen ihr Leben mit offenen Augen. Und sie schienen um nichts in der Welt bereit, sich aus ihrem eigenen Gefängnis zu befreien.

Damals reifte in mir die Idee, Wege zu finden, aus solch einer Verharrung auszubrechen. In den folgenden 29 Jahren lernte ich viele Hundert Perspektiven und Denkanstöße kennen. Ich bin zu einem Fachmann für Veränderung geworden. Es gelang mir immer besser, meinen eigenen Denkfehlern, Bremsklötzen und Barrieren rechtzeitig auszuweichen, bevor sie größeren Schaden anrichteten. Mir wurde immer klarer, wie Dinge zusammenhängen, warum Menschen unvernünftig handeln oder sich nicht verändern. Ich habe angefangen, diese Erkenntnisse aufzuschreiben und zu veröffentlichen. Schon bald wurden meine Gedanken-Sammlungen von Smartphone zu Smartphone weitergereicht. Radiokollegen in Süddeutschland wurden darauf aufmerksam und wir entwickelten eine Coaching-Serie für Sender in Deutschland, Österreich, die Schweiz, und Liechtenstein. Schließlich wurde daraus sogar das TV-Format »Die Runde Ecke« im WDR Fernsehen, in dem Menschen ihre persönlichen Erkenntnisse mit anderen Menschen teilen.

Hier liest oder hörst du nun nach meinem ersten Buch in dieser Reihe »how to get Gelassenheit« den zweiten Teil dieser kleinen und großen Erkenntnisse. Die darin enthaltenen Anregungen garantieren sicher nicht das immerwährende Glück, doch zumindest sind sie eine höchst wirksame Versicherung gegen selbst verschuldetes Unglück. Das ist jedem möglich. Ich bin sicher, auch du kennst mindestens einen Menschen, der seinem Leben eine völlig neue Richtung gegeben hat, jemand, der sich von Zwängen und Ängsten befreit hat und heute viel glücklicher lebt als noch vor einer Weile. Und nicht weil er/sie gerade zufällig verliebt ist oder gerade ein neues Auto bekommen hat, sondern weil er/sie etwas anders macht als früher.

Wenn du die Gedanken und Erkenntnisse in diesem Buch für dich nutzt, wird es dir mit großer Wahrscheinlichkeit ähnlich ergehen. Du wirst viele Dinge in einem ganz anderen Licht sehen und einen Quantensprung an Zufriedenheit und Klarheit erleben. Versprochen.

Phasen des Übergangs

Im Leben gibt es immer wieder Phasen des Übergangs. Wir werden geboren, lernen das Nachahmen, erleben Sturm und Drang, wollen die Welt aus den Angeln heben, wollen beruflichen Erfolg, haben es irgendwann geschafft, müssen uns nach einer Weile neu erfinden, bemerken, wie unser Kräfte schwinden, gestalten die Zeit des Alters, entwickeln uns zurück – und sterben. Ein stetiger Wandel. Jede Stunde unseres Lebens ist Wandel. Millionen von Zellen sterben, werden durch neue ersetzt. Die gewohnte Ordnung löst sich auf, eine neue muss gefunden werden. Solche Übergänge mögen uns beunruhigen oder gar verwirren, doch sie bieten uns auch große Chancen und Freiräume, in denen sich unser Leben neu entfalten kann.

Veränderungsprozesse können ungeahnte Kräfte freisetzen, wenn wir es zulassen. Wenn wir beispielsweise die Zeit der Verpuppung als kostbar und wertvoll anerkennen, können daraus poetische Momente des Lebens werden. Nicht ohne Grund schreiben Künstler in Phasen des Zweifels und der eigenen Neuerfindung ihre größten Hits und malen ihre eindrücklichsten Bilder. In der Krise kann sich die Tiefe unserer Seele zeigen, unser wahres Potenzial.

Von der Natur können wir lernen, dass der Fluss des Lebens voller Übergänge ist. Natur ist Veränderung pur. Frühling, Sommer, Herbst und Winter sind nur das augenscheinlichste Beispiel für die ständige Metamorphose des Lebens. Dabei gibt es Muster, die wir erkennen und verstehen können. Sie können uns helfen, den Übergang zuzulassen und die Veränderung als wundervolles Übel unseres Daseins zu akzeptieren, sodass sie ihr schöpferisches Potenzial entfalten kann.

»Wenn du glaubst, Abenteuer seien gefährlich, dann probier's mal mit Routine: die ist tödlich.«

Paulo Coelho

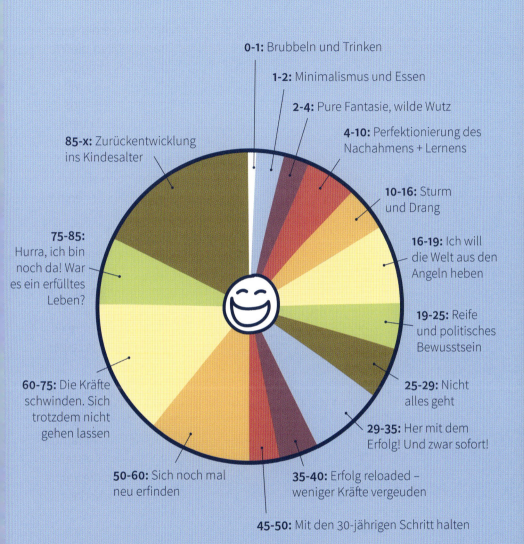

Routine versus Leben

Das Leben rauscht vorbei. Tag für Tag. Alles scheint zu funktionieren, und dennoch ist da dieses merkwürdige Gefühl der inneren Leere, das Gefühl, etwas Wesentliches verpasst zu haben. Es fühlt sich an wie hinter unsichtbaren Gitterstäben.

Jahrelang fühlte ich mich so. Ich wollte es schaffen, es allen zeigen, durchhalten, fühlte mich in dieser Situation wie gefangen. Die Türe meines Kerkers stand mir immer offen, doch ich merkte es nicht. Meine Ängste zeigten sich in Gedanken wie »Ich kann nicht, weil …« oder »Ich werde abstürzen, weil …«. Meine Konformität flüsterte mir Sätze zu wie »Ich darf doch nicht, weil …«. Ich dachte, Freiheit bedeute den Verlust von Sicherheit, von beruflichen Kontakten, und Verarmung. Die Folge war, dass ich zu lange in meiner Zelle sitzen blieb und auf bessere Zeiten oder den »richtigen« Moment wartete.

Die Gitterstäbe dieses Gefängnisses bestehen aus den Grenzen dessen, was wir als angenehm empfinden. Wir ziehen uns hinter diese Grenzen zurück, weil wir hoffen, dass sie uns vor den Gefahren des Lebens schützen. »Ich wurde enttäuscht«, hast du gesagt und einen Teil dieses Gefängnisses gebaut. »Ich werde immer wieder die gleichen schmerzhaften Erfahrungen machen, ohne wahrhaft geliebt zu werden«, hast du gesagt und die nächsten Gitterstäbe eingezogen. »Ich hasse mich für meine Partnerwahl«, hast du gesagt und damit den Deckel geschlossen. So hast du dich allmählich eingemauert. Innerhalb dieser Grenzen fühlt es sich wohlig und weich an, doch das Leben in Freiheit findet draußen statt.

Jeder von uns wurde irgendwann enttäuscht, verletzt, zurückgewiesen, kritisiert oder verurteilt. Wir empfanden Schmerz und verschlossen unser Herz, gingen innerlich auf Distanz. Wir hörten auf, unsere wahren Gefühle und Gedanken zu zeigen und verstellten uns, um den Schmerz der Zurückweisung zu vermeiden. So nahm unsere Abgrenzung und Vorsicht Stück für Stück Gestalt an.

Unsere Lebendigkeit sehnt sich aber weiter nach Nähe, Liebe, Freundschaft und Intimität. Wir suchen Nähe und vermeiden gleichzeitig, unsere wahren Gefühle zu zeigen, damit wir nicht wieder verletzt werden. Das macht unsere Partnerschaften und Freundschaften mit der Zeit oberflächlich und flüchtig und wir werden immer isolierter. Der Gegenentwurf besteht aus Veränderungsbereitschaft und Verletzlichkeit. Damit öffnen wir die Tür zu neuen Eindrücken, zu wahrhafter Nähe und Intimität. Nur wenn wir wahrhaft sagen, was wir denken und fühlen, können sich andere in uns wiedererkennen. Nur wenn wir anderen Menschen nicht ständig ein anderes Ich vorspielen, ziehen wir Menschen an, die unsere Ideen, Haltung und Liebe zu schätzen wissen. Veränderungsbereitschaft heißt, Verletzlichkeit zu riskieren, ohne Gitterstäbe oder Ritterrüstung und wahrhaft zu sagen: »So geht es mir gerade. Ich fühle mich einsam, ängstlich, verletzt, beschämt, ohnmächtig, schwach, klein, hilfsbedürftig, mutlos, verzweifelt, wütend oder traurig.« Auch wenn sich das vielleicht für eine Weile desolat anfühlt – wichtig ist, deinem inneren Kern nahe zu sein, mit dir selbst in Berührung zu kommen. Auch wenn diese Momente schmerzhaft sind, machen sie dich echter, wahrhafter und wirklicher.

Erwarte dabei nicht, dass jeder Mensch dich einfach so annimmt, liebt und versteht. Doch steh zu dir und deinen Gefühlen. Mut, Ehrlichkeit und Verletzlichkeit öffnen nämlich die Tür zu deinem eigenen Herzen und vor allem zum Herzen deines passenden Partners oder Freundes. Zeige deinen Mitmenschen dein wahres Gesicht. Sprich von dem, was dich wirklich bewegt. Lass die Gitterstäbe deiner Sorgen und Ängste hinter dir, und du bist FREI. Dein Bewusstsein wird sich weiten und du wächst über deine bisherigen Grenzen hinaus.

Erkennen, akzeptieren und erforschen

Wenn wir über die Umbrüche in der Welt schimpfen, dann wird sich die Welt dafür kaum interessieren. Sie wird sich einfach weiter verändern. Ob es die aktuell zu erlebende Zuwanderung ist mit den damit verbundenen gesellschaftlichen Umbrüchen, oder eine persönliche Krise, eine Krankheit oder ein Schicksalsschlag: Wir können mit Furcht darauf reagieren, uns Gitterstäbe zulegen, uns klamm und eng machen und eine angstbestimmte Perspektive einnehmen –, oder wir können einen ruhigen Geist bewahren und mit dem nötigen Abstand und innerer Gelassenheit kluge Optionen entwickeln. Wir können uns immer entscheiden. Jeder von uns hat diesen Handlungsspielraum.

Hinter jeder Krise oder Katastrophe verbergen sich Entwicklungschancen – wenn wir sie erkennen. Ob Kündigung, Krankheit, Scheidung, Unfälle, finanzielle Nöte, gesellschaftliche Verwerfungen oder gar Terrorgefahr: Das Gefühl, am Abgrund zu stehen, kann ein hervorragender Nährboden für persönliches Wachstum sein. Wenn wir erkennen, dass in den Verwerfungen des Lebens große Potenziale stecken, schwindet nach einer Weile sogar die Angst. Falls du gerade in einer Krise steckst, möchte ich dir Mut machen, dich wieder mit der kreativen Kraft des Lebens zu verbünden. Dabei hilft es unter anderem, anderen Meinungen und Sichtweisen nicht zwangsläufig zu viel Bedeutung einzuräumen.

Was ist wahr?

»Der Zufall ist im Weltenlauf der entscheidende Faktor. Wie sich die Dinge entwickeln werden, das können wir wohl kaum aus den Schlagzeilen der Nachrichten ableiten«, sagte einst ein kluger Historiker zu mir.

Wir glauben jedoch unbeirrt, aus den Informationen der Medien etwas über die Zukunft ableiten zu können. Beinahe jeden Tag hören oder sehen wir derzeit Schlagzeilen wie: Europa steht vor der Explosion! Euro-Katastrophe hat dramatische Folgen! Flüchtlingswelle schwappt über Deutschland!

Solche Nachrichten sind sehr geschickt formuliert. Schließlich sollen sich Nachrichten »verkaufen«. Starke Headlines, bunte Bilder, große Emotionen, kraftvolle Konflikte, These/Antithese. Wir springen darauf an und glauben, ein Abbild der existierenden Welt zu erfahren. Doch meistens lenken die Macher unsere Aufmerksamkeit nur auf Dinge, die keine direkte Relevanz für unser Leben haben oder die nicht in unserer Macht stehen. Und weg von den Dingen, die wir tatsächlich beeinflussen können.

Deswegen konsumiere ich seit einiger Zeit deutlich seltener Webseiten, Blogs oder die klassischen Nachrichten im Radio und Fernsehen. Denn wenn ich nicht ständig mit diesen angeblich weltverändernden Informationen konfrontiert werde, mache ich mir deutlich weniger Sorgen um Ereignisse, die in den meisten Fällen so gar nicht eintreten werden. Ganz schön praktisch, nicht wahr?

Das bedeutet natürlich nicht, dass ich nicht mehr über gewisse Dinge nachdenke oder mich wegducke. Natürlich schaue ich wachsam hin und reagiere dort, wo ich es für sinnvoll halte. Manche Ereignisse lassen sich nun mal nicht »schönreden«. Das Rad des Lebens dreht sich, Geschenke und Prüfungen warten auf uns – und Ungerechtigkeit lässt sich nun mal nicht weglächeln. Über das Unangenehme haben wir keine Kontrolle. Doch über die Dosis der an mich herangetragenen Informationen habe ich eine Kontrolle. Und so akzeptiere ich das tägliche »rien ne vas plus« des großen Croupiers, der mein Leben leitet. Ich denke gerne über Licht und Schatten in meinem Umfeld nach, doch nicht über Hunderte von Meldungen, die mich über die Medien erreichen.

Cool bleiben

Wer mein Buch »how to get Gelassenheit« gelesen hat, der wird einen Teil der Gedanken aus diesem Kapitel schon kennen. Doch mir haben so viele Menschen geschrieben, dass ihnen diese Geschichte geholfen hat, mit Unsicherheit und Krisen besser klarzukommen, dass ich sie hier noch mal in überarbeiteter Form erzählen möchte:

Im Jahr 2005 werde ich für eine Sprachaufnahme in einem noblen Düsseldorfer Tonstudio gebucht. Im Regieraum sitzen die Geschäftsführer des Werbekunden und drei überaus wichtige Vertreter der Werbeagentur. Vor dem Mikrofon stehen eine Sprecherkollegin und ich. Wir sollen die Kampagne stimmlich zum Klingen bringen. So weit, so gut – könnte man meinen.

Nach der dreißigsten Aufnahme des Spots werde ich langsam nervös. Mal passt dem Kunden dieses nicht, dann den Werbeagentur-Fritzen jenes. Wir Sprecher scheinen uns von Minute zu Minute mehr als absolute Fehlbesetzung herauszustellen. So langsam kriechen Selbstzweifel und eine ungewohnte Nervosität in uns hoch. Unsere Souveränität schwindet dahin – und die Folgeversionen des Spots werden nicht unbedingt besser.

Nach der gefühlt vierzigsten Version sind meine Zweifel größer denn je. Kann ich das überhaupt? Soll ich weitermachen oder besser gleich hinschmeißen? Ich bin kurz davor, mich mit einem Honorarverzicht aus der unangenehmen Situation zu befreien, als der Tontechniker uns über die Gegensprechanlage zuflüstert: »Hey, lasst sie diskutieren. Coooool bleiben!«

Seine Stimme ist dabei so eindringlich, dass ich sie nie wieder vergessen habe. Wie die Geschichte weitergeht? Du wirst es kaum glauben! Nach einer elend langen Diskussion zwischen Werbeagentur und Kunden wurde die dritte (!) Aufnahme ausgewählt. Warum nun überhaupt der ganze Wahnsinn? Warum haben die Werbefritzen uns über drei Stunden mit insgesamt 55 Einzelversionen gequält – um dann doch die dritte Sprachaufnahme zu nehmen? Es lag – wie sich später herausstellte – nicht an unserer Leistung, sondern an einem schon länger schwelenden Dissens zwischen Agentur und Auftraggeber.

»Im Zweifel – cool bleiben.« Das ist seither mein Lebensmotto geworden. Denn oft genug kann ich die Rahmenbedingungen eines Ereignisses noch gar nicht ausreichend einschätzen oder ich kenne zentrale Spielstränge noch nicht. Eine übereilte Reaktion wäre dann womöglich genau das Falsche.

Ein paar Monate später konnte ich dieses »Im Zweifel – cool bleiben!« schon brauchen. Ich bekam wie aus heiterem Himmel massive Stimmprobleme und konnte von einem Tag auf den anderen nicht mehr vor einem Mikrofon sprechen. Für einen Radiosprecher eine denkbar ungünstige Situation. Wochenlang hatte ich Schlafstörungen und Schweißausbrüche. Ich konnte vor lauter Angst kaum noch morgens aufstehen und fühlte mich körperlich und seelisch zunehmend am Ende. Gleichzeitig war ich davon überzeugt: Wer in unserer Gesellschaft scheitert, gilt als Verlierer. Ich überlegte sogar, deswegen ins Ausland zu gehen. Doch die Arbeit im Medienbereich lag mir einfach am Herzen.

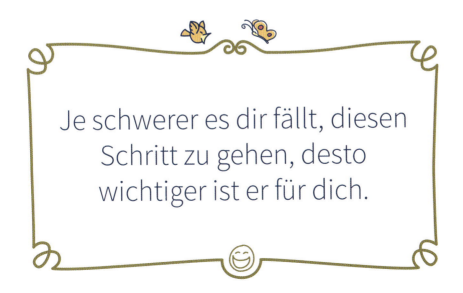

Je schwerer es dir fällt, diesen Schritt zu gehen, desto wichtiger ist er für dich.

Mein Stimmproblem war kein organisches, wie sich nach einigen ärztlichen Untersuchungen zeigte. Im Alltag war meine Stimme in Ordnung. Nein, etwas in mir wollte einfach nicht mehr in ein Mikrofon sprechen. Meine Seele stellte mir gewissermaßen ein Bein und »missbrauchte« dafür meine Stimmbänder. Vermutlich brauchte ich genau diese Erfahrung des Scheiterns, der Verzweiflung, der Demut und des Durchhaltens, um zu persönlicher Einkehr zu gelangen und mich selbst neu zu erfinden.

Und so habe ich damals einen Schritt zur Seite gemacht und für eine Weile den Rückwärtsgang eingelegt. Anstelle des dauerhaften und weitgehend selbst gemachten Leistungsdrucks erlaubte ich mir wieder die Leichtigkeit des Anfängers, der Fehler machen durfte. Das gab mir die Freiheit, eine der schöpferischsten Phasen meines Lebens in Angriff zu nehmen. Ich beschloss, alle Kompetenzen zu erwerben, die man als Trainer und Coach braucht. Ich habe mich weiter fortgebildet und mir damit einen völlig neuen Tätigkeitsbereich erschlossen. All das wäre gewiss nicht passiert, wenn meine Stimme mich damals nicht für eine Weile im Stich gelassen hätte. Und so wurde aus einer anfänglich als Katastrophe empfundenen Situation mit der richtigen Haltung eine Chance.

Wenn wir auf wackeligen, unsicheren Boden gestellt werden, kann uns daraus mit der richtigen Haltung eine kluge Erkenntnis erwachsen. Haben wir erst einmal Zutrauen zu diesem Evolutionsprozess gewonnen, begreifen wir, dass wir immer wieder durch Angst und Sorge gehen werden, bis wir uns diesen Gefühlen offensiv stellen. Mit der richtigen Haltung werden aus Tränen Edelsteine. Deswegen möchte ich jene schlimme Zeit nicht missen, auch wenn sie mir zuweilen unerträglich zäh vorkam.

Jeder von uns kann sich jeden Tag neu entscheiden, wie er oder sie mit den Herausforderungen des Lebens umgehen will. Ganz entscheidend ist dabei das Wissen um die Phasen der Veränderung in persönlichen Krisen. Diese Phasen erleben alle Menschen auf dieser Welt, wenn es in ihrem Leben ruckelt.

Phasen der Veränderung

Um Veränderungen leichter annehmen zu können, hilft es, zu wissen, wie sie sich entfalten. Wenn uns die Dinge über den Kopf zu wachsen scheinen, können wir mit diesem Wissen einen Schritt zurücktreten und den eigenen Veränderungsprozess quasi aus der Vogelperspektive betrachten.

Diese sieben Phasen der inneren Veränderung laufen IMMER ab, wenn wir uns verändern oder von alten Mustern und Sichtweisen lösen (müssen):

Phase 1: Vorahnung und Sorge: »Irgendetwas stimmt hier nicht?!«

Wir haben das Gefühl, dass uns die Dinge entgleiten. Wir kommen immer wieder an persönliche Grenzen, drehen uns im Kreis, der Alltag fühlt sich schwer an. Möglicherweise sind wir bereits massiv verunsichert. Wir haben eine erste Vorahnung: »Das könnte schiefgehen. Eigentlich sollte ich was ändern.«

Phase 2: Schock – Schreck: »Ich bin verwirrt …«

Die innere Unzufriedenheit wächst weiter. Wir denken diesen Satz, mit dem die Psyche für gewöhnlich auf Entsetzen reagiert: »Das kann nicht wahr sein.« Was eigentlich bedeutet: Das soll nicht wahr sein. Ist es aber leider. Manche Menschen reagieren an dieser Stelle mit einer gewissen Schreckstarre.

Phase 3: Verneinung – Verdrängung – Abwehr: »Das wird sicher irgendwie alles gut gehen.«

Dem Schock folgt die Verdrängung. Je mehr Unsicherheit eine Veränderung mit sich zu bringen scheint, desto stärker ist unsere innere Abwehr. Wir möchten die Situation einfach irgendwie in den Griff bekommen. Im Grunde geht es im Leben immer nur darum: Wir wollen möglichst schnell unsere emotionale Stabilität wiederherstellen – auch wenn es uns von längst notwendigen Veränderungen abhält.

Phase 4: Rationale Näherung/Frustration: »Ja, aber …«

Auf die Phase der Verdrängung folgt die Phase einer ersten Näherung. Wir sehen nun recht klar, dass die Dinge nun mal so sind, wie sie sind. Doch wir finden noch keine Lösung, die uns wirklich weiterbringt (»Früher war alles besser!«). Der Druck wird immer größer. Wir wünschen uns nichts dringlicher als ein baldiges Ende der Situation. Es kommen Gedanken wie: »Veränderung ist grundsätzlich sicher wichtig, aber …« oder »Ich will ja schon ganz gerne was Neues machen, aber mir ist das Risiko viel zu groß …«. Wir sind in dieser Phase noch nicht bereit, uns wirklich zu verändern. Wir orientieren uns nach wie vor an der Vergangenheit und wollen sie nicht loslassen. Anders gesagt: Wir versuchen, nach alten Mustern eine neue Wirklichkeit zu formen. Das gelingt natürlich so gut wie nie.

Phase 5: Emotionale Akzeptanz: »Ob ich das Alte wohl loslassen kann?«

Diese Phase ist die schmerzlichste, gleichzeitig aber die wichtigste. Wir spüren, dass wir das Alte loslassen müssen, weil es nicht mehr zurückkommt. Wir wissen, wir brauchen einen neuen Weg, um wieder frei zu sein. Man nennt diese Phase auch das »Tal der Tränen«. Sie ist eine Art Reinigungsstufe oder Katharsis. Unser Hirn reinigt sich von alten Vorstellungen und Haltungen. Schmerz, Angst, Wut und Verzweiflung machen uns wach. Viele Menschen versuchen, genau diese Phase zu vermeiden, um der Angst und Unsicherheit aus dem Weg zu gehen. Ohne diese fünfte Phase können wir uns jedoch nicht wirklich verändern. Die Angst, der Groll, der Frust oder die Trauer helfen uns, uns vom Vergangenen zu lösen. Diese intensiven Schwellenemotionen haben das Potenzial, Selbstbeschränkungen aufzulösen und unseren Blick neu auszurichten. Wer sich vor dem Schmerz in dieser Phase drückt, zögert die Veränderung nur weiter hinaus. Wer sich dem Schmerz stellt, kann in die Weite blicken. Zu akzeptieren, dass etwas oder jemand fort ist, dass die Vergangenheit vergangen ist, ist ein großer und wichtiger Schritt. Er bedeutet, dass wir den

Verlust als Teil des Lebens anerkennen. Wir können nun in das Neue, in das Wirkliche hineinwachsen.

Phase 6: Öffnung, Neugier, Ausprobieren: »Da ist die Tür!«

Sieh an! Die Neugier erwacht. Wir klammern uns nun nicht mehr an die Vergangenheit. Wir stellen uns dem Neuen wie ein Kleinkind, das seine ersten Schritte macht. Wir stolpern und schwanken zuerst noch, doch allmählich folgen die ersten sicheren Schritte. Wir beginnen, die neuen Gegebenheiten in unser Leben einzubauen und eine neue Wirklichkeit auszuprobieren. Dabei machen wir natürlich Fehler. Und aus genau diesen Fehlern lernen wir. Sie helfen uns, einen festen Stand zu entwickeln und neue, geeignetere Strategien zu entwickeln.

Phase 7: Integration, Selbstvertrauen: »Wow, so geht es!«

Der Weg ist frei für das Neue. Das Tal der Tränen ist durchschritten. Diese Phase kann durchaus euphorisch ausfallen. Hurra, wir haben nun etwas gelernt, eine neue Strategie entwickelt, um mit einer zuvor unbekannten Konstellation klarzukommen. Das macht uns wieder richtig glücklich. Wir öffnen uns wieder für Spaß und Freude und sind zufrieden, den entscheidenden »Schritt« gemacht zu haben. Und wenn Rückschlage kommen, sind auch die wichtig.

Egal, was im Leben auch geschieht. Es hat einen Sinn.

Tal der Tränen

Viele Lebenskrisen und Veränderungen im Leben führen durch diese sieben Phasen. Wir MÜSSEN diese Abschnitte durchlaufen. Da sind sich Psychologen, Therapeuten und Trainer ausnahmsweise einmal einig. Sie sind ein Bauplan für jede Veränderung in unserem Leben, an dem wir uns bei allen Widerständen, Ängsten und Sorgen orientieren können.

Die Zauberformel zur Veränderung in einer sich verändernden Umgebung besteht vor allem darin, in allen Phasen dranzubleiben, auch im »Tal der Tränen«. Kommen wir auf der »anderen Seite« an, können wir plötzlich wieder frei atmen. Das Leben fühlt sich wieder leicht und gangbar an. Bis wir uns später im Leben vielleicht wieder neu erfinden müssen oder wollen. Veränderung ist und bleibt die mächtigste Konstante im Leben. Unsere Freiheit besteht darin, uns zu ändern, bevor das Leben uns ändert. Frei nach Friedrich Hölderlin: »Wenn ich in Krisen auf mein Unglück trete, stehe ich deutlich höher!«

Ich habe eine gute Freundin, die bei einem Unfall einen Teil ihrer Familie verlor. Vorher hatte sie als Animateurin in einer Ferienhochburg auf Mallorca gearbeitet. In dieser Zeit ist sie ein anderer Mensch gewesen: eine Frau, die andere Menschen aktiviert, animiert und, wenn's gut läuft, auch zum Lachen bringt. Mit dem Tod ihrer Nächsten änderte sich das. Sie entwickelte eine andere Sicht auf das Leben, die mit ihrer vorigen ätherisch-unbeschwerten und auch ein wenig oberflächlichen Art kaum noch etwas zu tun hatte. Sie fand heraus, dass sie noch ganz andere Facetten in sich trug, von denen sie bis dahin kaum etwas geahnt hatte.

Sie fing an zu malen, um ihre Trauer zu bewältigen. Sie begann zu schreiben, um ihre Gedanken zu ordnen. Sie lernte über das Anhalten der Zeit, besser zuzuhören. Und sie merkte, wie sinnfrei und beinahe hohl ihr Leben vor dem Unfall gewesen war.

In jedem von uns stecken unglaublich viele Möglichkeiten. Oft bemerken wir sie erst, wenn wir durch Schicksalsschläge oder Wandlungsprozesse darauf gestoßen werden. Dazu gehört natürlich dann auch, das Alte loszulassen, indem wir die Kontrolle über die vermeintliche Sicherheit abschütteln und Frieden mit dem Geschehenen machen. Keine leichte Aufgabe, doch stets die einzige Tür in ein neues und friedvolles Leben.

Und dann kam alles anders

Blicken wir auf unser bisheriges Leben zurück, können wir manchmal nicht verstehen, warum es so gekommen ist. Wir waren doch mal voller Träume, Hoffnungen, Wünsche und Ziele. Unser Leben entsprach doch genau unseren Vorstellungen: Wir führten eine tolle Partnerschaft, konnten das berufliche Glück schon greifen, waren überzeugt von unseren Fähigkeiten und Talenten und sicher, dass sie bald entdeckt werden würden. Doch irgendwie entwickelte sich das Leben dann anders. Hoffnungen haben sich nicht erfüllt, die Hektik hat uns vereinnahmt, vielleicht sind sogar irgendwelche schlimmen Sachen passiert. Fortan haben wir uns eingeigelt und sahen vor allem das Negative, unsere Enttäuschungen oder Verletzungen. Wir reagierten auf die Wechselfälle des Lebens nicht mehr mit Flexibilität und Veränderungsbereitschaft, sondern ein Gefühl der Ungerechtigkeit kam in uns auf und es kamen Gedanken auf wie: Warum passiert das immer mir? Was haben die bloß alle gegen mich? Ich hätte doch wirklich etwas Besseres verdient … Ich halte das nicht mehr aus.

Doch egal wie schwer die letzten Monate oder Jahre waren – es ist vorbei! Du kannst dich ewig damit beschäftigen und belasten – oder du kannst es LASSEN.

Manche Ratgeber empfehlen an dieser Stelle: »Lass die Vergangenheit einfach los!«, ohne zu erklären, wie das geht. Der Ansatz ist schon ganz richtig, doch der schlichte Wunsch nach Loslassen führt noch nicht zu einer Öffnung für die Zukunft. Denn alles, was in der Vergangenheit war, will gewürdigt und angenommen werden. Fragst du dich, wie das gehen soll, wenn jemand in seiner Kindheit die Hölle auf Erden erlebt hat, wenn ein Kind geschlagen, missbraucht, weggegeben oder mit Liebesentzug bestraft wurde? Wie man solchen Horror jemals annehmen und in sich befrieden kann?

Für die Antwort möchte ich das Wort an Hanna Frey übergeben. Ich habe Hanna im Rahmen meines TV-Projektes DIE RUNDE ECKE kennengelernt. Dort erzählen großartige Menschen, die durch heftige Veränderungsprozesse gegangen sind oder gehen, von ihrer Geschichte, ihren Erkenntnissen, ihrer Veränderung. So kann jeder Zuschauer an diesen Erfahrungen teilhaben und vielleicht etwas daraus für sich mitnehmen.

Ohne deine Vergangenheit bist du plötzlich frei
Gastkapitel von Hanna Frey

Mein Schicksal, Karma oder der Zufall wollte es, dass ich in eine sogenannte asoziale Familie geboren wurde. Ich hatte fünf ältere Geschwister, mein Vater war Alkoholiker. Er soff den ganzen Tag, bis er am Abend in den Eimer kotzte, der dann über Nacht stehen blieb, weil niemand ihn wegräumte. Meine Mutter bevorzugte es, ihr Leben mit vielen statt nur einem Mann zu verbringen. Zudem war sie tablettensüchtig und schluckte alles, was sie an Schlafmitteln zur Verfügung hatte.

Zu Hause herrschte das absolute Chaos. Die Wohnung glich einer Müllhalde. Überall war Dreck, Unordnung und Gestank, es roch nach Bier und Urin, da einer meiner Brüder dem psychischen Druck zu Hause nicht standhielt und jede Nacht in sein Bett pinkelte. Statt dass jemand die Bettwäsche wechselte oder die Matratze tauschte, wurde er dafür in der Früh von meinen Eltern geschlagen. Ein schier unerträglicher Kreislauf.

Unser Alltag wurde bestimmt von Gebrüll, Geschrei, Gewalt und sexuellem Missbrauch, der auch vor mir nicht haltgemacht hat. Ich weiß noch, wie ich mit meinen vielleicht 4 oder 5 Jahren angefasst wurde und anfassen musste. Wann immer mein Vater durch seinen Alkoholismus im Krankenhaus landete, feierte meine Mutter in unserem Beisein Sexorgien. Das war mein Zuhause.

Irgendwann schaltete sich das Jugendamt ein und ich wurde mit 6 Jahren in ein Kinderheim gebracht. Die folgenden zwei Jahre im Heim erlebte ich als sehr schön und friedlich, als wollte mir das Leben eine Pause gönnen. Ich glaube heute, es waren die zwei besten Jahre meiner Kindheit und Jugend. Ich hatte plötzlich ein eigenes Bett, saubere Wäsche, genug zu essen und da war niemand mehr, der mir zwischen die Beine fasste, brüllte, mich schlug oder soff. Zu einer meiner Erzieherinnen entwickelte sich damals sogar eine Art Mutter-Tochter-Beziehung. Ich bekam so viel Liebe und Zuneigung, dass es mich für lange Zeit trug.

Dann aber schlug das Schicksal erneut zu und ich wurde gegen meinen Willen in eine Pflegefamilie vermittelt. Meiner geliebten Erzieherin musste ich »Adieu« sagen. Man sagte mir, ich dürfe sie jederzeit besuchen, doch es war eine Lüge, um mir den Abschied zu erleichtern. Ich habe sie nie wieder gesehen.

Es folgten neun verdammt lange Jahre, in denen ich mehr und mehr zerbrach. In den ersten beiden Jahren bekam ich noch Zuwendung, ich konnte mich anpassen und das Neue annehmen. Doch dann starb meine leibliche Mutter und mein Vater resozialisierte sich entgegen aller Erwartungen. Für mich hatte das vor allem zur Folge, dass er mich nicht zur Adoption freigab. Meine Pflegeeltern hatten jedoch auf ein Adoptivkind spekuliert. Von diesem Tag an änderte sich mein Leben erneut. Ich war in meiner Pflegefamilie fortan nicht mehr erwünscht, sondern nur noch geduldet. Das ließ man mich täglich spüren. Ich wurde zum schwarzen Schaf der Familie und alles, was schiefging, war meine Schuld.

Je mehr ich versuchte, es jedem recht zu machen, um einfach nur ein wenig Zuneigung und Wärme zu erfahren, desto mehr zerbrach ich innerlich. »Wo gehöre ich eigentlich hin? Zu wem gehöre ich? Wer will mich? Wo darf ich sein, warum muss ich hier sein?« Fragen, die mich quälten und im Laufe der Zeit in zwei Selbstmordversuche trieben. Nachdem ich dem Jugendamt mit einem weiteren Selbstmord drohte, endete das Martyrium nach neun Jahren innerhalb eines Vormittages mit meinem Auszug. Innerhalb von zwei Stunden brachte man mich in eine andere Pflegefamilie. Wieder ein Abschied für immer und dieses Mal war ich mehr als froh darüber. Für mich war es ein Sprung in die Freiheit.

In der neuen Pflegefamilie war ich herzlich willkommen, mehr noch aber das Pflegegeld, welches man für mich bekam. Mehr gibt's eigentlich auch über die nun folgenden zwei Jahre nicht zu erwähnen. Ich merkte schnell, dass ich hier der »Goldesel« war. Als ich in dieser Zeit laut darüber nachdachte, auszuziehen, war ich auch hier nicht mehr erwünscht und man wartete nur noch darauf, mich endlich los zu sein. Alsbald ging ich. Ich ging gerne und auch hier für immer. So brachte mich mein Schicksal mit 19 Jahren in die Freiheit und in mein eigenes selbstbestimmtes Leben.

Bald darauf wurde ich Mutter. Mir wurde bewusst, wie wichtig es ist, Kindern Liebe und Zuneigung zu schenken. Nichts war mir seitdem wichtiger als das. Es fiel mir trotz der eigenen Erfahrungen sehr leicht. Meine Erfahrungen als Mutter haben mich dazu gebracht, anzufangen, meine Geschichte aufzuarbeiten. Ich begann, Fragen zu stellen, versuchte, Antworten zu finden, und entwickelte dabei immer mehr Verständnis für viele Situationen. Am Ende lernte ich, zu verzeihen. Das ging natürlich nicht von heute auf morgen, sondern war ein langer Prozess. Es bedeutete für mich eine ständige Konfrontation mit dem Erlebten. Irgendwann gelang es mir jedoch, und ich spürte keine Traurigkeit oder Wut mehr. Nach vielen Jahren kam ich an den Punkt, wo ich eine sehr bewusste Entscheidung traf:

Ich besorgte mir eine kleine Pappschachtel und schrieb Zettel. Einzelne Wörter wie: Gewalt, Missbrauch, Ekel, Traurigkeit, Zerrissenheit, Ablehnung, Hass… all die Emotionen und Erfahrungen meiner Kindheit und Jugend schrieb ich auf diese kleinen Zettel. Dann fuhr ich in den Wald, suchte eine Stelle unter einem Baum aus und begrub dort diesen Karton und in ihm die Erfahrungen meiner Kindheit und Jugend. Ich hielt eine kurze Minute inne … und ließ dann dieses Grab und damit die Gefühle und Emotionen längst vergangener Tage hinter mir zurück. Wieder ein Abschied für immer, und dieses Mal ein sehr bewusster! Ich wollte kein Opfer mehr sein, sondern künftig glücklich und befreit leben!

So bin ich heute ein glücklicher Mensch. Ich habe eine riesige Freude am Leben und allem, was damit zusammenhängt. Ich hatte nie wieder das Bedürfnis, das Grab der alten Verletzungen und Gefühle zu besuchen. Ich wollte nie wieder in die Opferrolle zurück. Nein, seit diesem Tag trage ich die volle Verantwortung für mich und mein Leben!

Eine Weile später besorgte ich mir jedoch eine neue Pappschachtel. In diese lege ich Kärtchen, auf denen ich gute Erfahrungen dokumentiere. Spaß und Freude mit meinen Kindern, Dankbarkeit für meinen Mann und meine Familie, all das ist es wert, festgehalten zu werden. Aus dieser Schachtel kann ich Kraft schöpfen und sie gibt mir Antrieb. Ich bat meine Kinder unlängst, mir diese Schachtel mit ins Grab zu legen, wenn ich eines Tages von dieser Welt Abschied nehmen muss. Mein Ziel ist, dass auf der letzten Karte, die ich in diese Schachtel lege, steht: »Alles hatte einen Sinn und was für eine geile Zeit.«

Ein Video von Hanna und ihrer bewegenden Geschichte findest du unter www.die-runde-ecke.com.

DIE VERGANGENHEIT HAT KEINE MACHT ÜBER MICH. SIE IST SCHLICHT VORBEI.

Vergebung und Heilung

Vergeben tun wir also in erster Linie um unserer selbst willen. Wir öffnen wieder unser Herz und entscheiden uns, die Liebe wieder in die Mitte unseres Lebens zu stellen.

Veränderung kann häufig erst entstehen, wenn wir den verwundeten Teil in uns annehmen. Wenn wir in der Lage sind, uns selbst und anderen zu verzeihen, die Ereignisse sinnbildlich in einer Schachtel zu verstauen und dann friedvoll zu würdigen, anzuerkennen und darüber wirklich loszulassen, können die Wunden der Vergangenheit in uns heilen und die Freude kehrt zurück. So wie bei Hanna, die mit den schlimmen Erfahrungen ihrer Vergangenheit ihren Frieden gemacht hat, was sicher kein leichter Prozess war.

Solange wir etwas ablehnen, verurteilen und uns daran aufreiben, verhindern wir, dass sich alles zum Guten verändern kann. Akzeptanz macht glücklicher und ermöglicht Leichtigkeit. Und wann ist der beste Zeitpunkt, damit anzufangen? Immer JETZT.

Ja-aber-Syndrom

Womöglich sagst du nun ja, das ist ja im Prinzip schön und gut, aber dem oder der kann und werde ich niemals verzeihen. Vielen wegweisenden Erkenntnissen, die wir haben, begegnen wir erst mal mit einem »Nein« oder einem »Ja, aber«. Wir wollen gerne recht behalten mit unseren alten Ansichten und Überzeugungen. Rechthaben fühlt sich verdammt standfest an, nicht wahr? Und darum geht es auch beim Rechthaben. Sich einen festen Standpunkt schaffen, Sicherheit in einer unsicheren Welt zu finden. Sich in einem unendlich großen Universum als stabil zu empfinden, indem wir einen Standpunkt einnehmen und uns einreden, dass er in jedem Fall der richtige ist. Doch der Preis für diese Stabilität ist hoch. Denn Rechthaben kostet uns die Verbindung zu Tausenden von Möglichkeiten. Es blockiert unsere Veränderung. Es trennt uns von Chancen und auch von unseren Liebsten. Es macht auf Dauer einsam und unflexibel. Keines unserer Probleme kann verschwinden, solange wir der Veränderung ein »Nein« oder »Ja, aber« entgegenhalten. Jedes »Nein« oder »Ja, aber« bedeutet eine Energieblockade, einen inneren Konflikt. Wenn wir »Nein« zu dem sagen, was schon da ist und uns herausfordert, rennen wir gegen das große Ganze an, gegen ein Naturgesetz, welches wir niemals bezwingen können. Dieses Gesetz heißt: Alles, was da ist, hat einen Sinn. Erst wenn ich es anschaue, als Tatsache akzeptiere und liebevoll annehme, kann sich was verändern.

Eckpfeiler der Existenz

Jeder von uns wird irgendwann krank, ausgenutzt, verraten, betrogen, enttäuscht. Das sind die Umstände jeglicher Existenz. Wir leiden. Dieser Schmerz scheint verrückterweise ein notwendiger Bestandteil von Wachstum zu sein. Jede Entwicklung und Erkenntnis geht mit Zweifel und Mühsal einher. Man könnte auch sagen: Das Leben ist durchaus ironisch gestrickt. Es bedarf der Traurigkeit, um Fröhlichkeit zu finden, der Lautstärke, um die Stille wertzuschätzen und des Abschieds, um den Neubeginn wagen zu können.

Viel Leid und viel Unzufriedenheit entstehen daraus, dass wir die vermeintlich negativen Ereignisse in unserem Leben verfluchen oder zumindest ablehnen. Wir halten unsere Bewertungen für die Wahrheit. Doch nicht die Ereignisse und Situationen im Außen machen uns unglücklich, sondern unsere Gedanken und Interpretation.

Aus unseren Bewertungen entsteht dann leicht eine Spirale der inneren Unzufriedenheit. Denn wenn wir etwas im Außen ablehnen, erzeugt das innerlich Reibung. Unsere düsteren Gedanken (»So eine Katastrophe«) verstärken sich durch ständige Wiederholung (»Himmel, das geht nicht gut aus…«). Daraus wird allmählich eine innere Haltung (» … das ist dann wohl mein Untergang…«) und vielleicht sogar irgendwann in eine ebensolche Lebenseinstellung (»Ich hasse mein Leben…«).

Wir können lernen, das Leben als das zu sehen und zu nehmen, was es ist: Konflikt, Krise, ein wenig Chaos, Ungerechtigkeit, Leiden, Enttäuschung, Endlichkeit und Veränderung.

Wenn wir erkennen, dass diese Eckpfeiler seit Anbeginn der Menschheit existieren und damit unumgänglich sind, dann erkennen wir:

- Das Leben ist selten kalkulierbar.

- Alles um uns herum verändert sich – permanent.

- Selbst der größte Frieden hat irgendwann ein Ende.

Obwohl wir das eigentlich im tiefsten Inneren wissen, stemmen wir uns mit gewaltigem Energieaufwand gegen diese zentralen Wahrheiten. Doch akzeptieren wir die Dinge wie sie sind, nehmen wir sie an, macht uns das wieder flexibel und handlungsfähig. Wir verändern uns. Wenn wir den Schmerz eines Verlustes in seinem ganzen Umfang akzeptieren und von dort aus neu beginnen, wenn wir anerkennen, dass der Sturm unser bisheriges Leben verwüstet hat, wirkt das wie eine Art »Sesam öffne dich« für unser künftiges Leben.

JA zum Leben sagen

Im Zusammenhang mit dem Nazi-Regime und dem Zweiten Weltkrieg ist vielen Menschen Unfassbares passiert. Szenen aus einer Dokumentation der US-Armee über die Öffnung der Konzentrationslager, die ich vor einigen Jahren sehen konnte, haben sich tief in mein Gedächtnis gegraben. Einer der Menschen, die diese Hölle überlebt haben, war der berühmte Neurologe und Psychiater Viktor Frankl. 1942 verschleppten die Nazis ihn und seine Familie in Konzentrationslager. Seine Eltern und seine Frau wurden dort ermordet. Viktor Frankl hingegen überlebte die Lager Theresienstadt, Auschwitz und Dachau. 1945 wurde er mit anderen Überlebenden von den Alliierten befreit.

Viktor Frankl verarbeitete seine traumatischen Erlebnisse in seinem Buch »Trotzdem Ja zum Leben sagen. Ein Psychologe erlebt das Konzentrationslager«. Frankl beschäftigt sich darin mit der Frage, warum er selbst und ein paar Mitgefangene dieses unvorstellbare Grauen überleben konnten, ohne daran zu zerbrechen. Er kommt zu dem Schluss, Menschen, die sich über die Zustände im Lager hinweg ein Ziel setzten, auf das sie in Gedanken hinarbeiten konnten, hätten eine größere Chance gehabt, psychisch intakt zu bleiben. Für Frankl selbst war das Ziel, nach der Befreiung von diesen Erlebnissen zu berichten. Er hat in dieser schlimmen Situation nicht an den Träumen, Bildern und Wirklichkeiten der Vergangenheit festgehalten, sondern sein Handeln auf die Zukunft ausgerichtet. Damit verlieh er dem täglichen Leiden um ihn herum einen subjektiven Sinn. Frankl gelang es, die Situation als eine Art Experiment zu sehen, das ihm als Psychologen die Möglichkeit gab, Extremsituationen zu erfahren und zu studieren, um die Erkenntnisse später weiterzugeben.

Bewahren, kontrollieren, beherrschen

Ist dir das Lachen abhandengekommen? Erscheint dir die Welt, die einmal bunt und lebendig war, fad und grau? Meldet sich in dir immer wieder eine innere Stimme mit Sätzen wie »Die Umstände machen mich verrückt. Ich ertrage das alles nicht mehr«? Wenn sich uns die Welt von einer ganz anderen Seite zeigt, mit der wir gar nicht gerechnet haben, fragen wir uns irgendwann: Was ist noch sicher? Was könnte als Nächstes passieren? Vielleicht bist du immer selbstverständlich davon ausgegangen, dass du gesund bist, und plötzlich ist dein Körper nicht mehr unversehrt und der Tod winkt schon mal freundlich. Vielleicht warst du sicher, deine Partnerschaft sei etwas für die Ewigkeit, und nun ist die Beziehung angeschlagen oder nicht mehr zu retten. Oder du dachtest, finanziell könne dir gar nichts passieren, und nun erscheint nichts mehr sicher. Der Fluss des Lebens ist nicht beständig. Das einzig Beständige ist die Unbeständigkeit.

Oft reagieren wir auf unangenehme Veränderungen mit Verunsicherung, Panik, Angstzuständen. Das hat viel mit unserer Erziehung und Prägung zu tun. Viele Eltern in westlichen Gesellschaften wünschen sich vor allem ordentliche und strebsame Kinder, die in der Schule »funktionieren« und möglichst früh zeigen, dass sie zu Besonderem fähig sind. Sie wünschen sich Kinder, auf die sie stolz sein können, und meistens bezieht sich das auf die Leistungen. Beinahe jedes Kind in den westlichen Ländern wird nach diesem Leistungsprinzip erzogen. Wenn ich mich anstrenge und es schaffe, werde ich gelobt und belohnt. Und wenn ich nicht alles gebe oder es nicht schaffe, hat es unangenehme Folgen. So entwickeln wir häufig schon sehr früh ein Verlangen nach Kontrolle und fürchten uns vor dem Kontrollverlust. An der Reaktion auf alltägliche Widrigkeiten zeigt sich dann später, welche Muster man damals gelernt hat. (Wenn du beispielsweise fluchst und zeterst, weil du deinen Schlüssel verlegt hast, hast du dir vielleicht angewöhnt, auf Kontrollverlust mit Ärger zu reagieren.)

Wir investieren viel Lebenszeit in den Versuch, zu bewahren, zu kontrollieren und zu beherrschen. Irgendwann erscheint uns diese permanente Selbstkontrolle dann ganz normal. Manchmal sind wir sogar stolz darauf und sagen: »Hey, ich hab alles im Griff!« Doch der Schein trügt. Denn Perfektion und Stabilität entsprechen nun mal nicht den Gesetzen des Universums. Fehler und Veränderung sind im kosmischen Zusammenhang nichts anderes als Versuche, eine bessere Lösung zu finden. Nur aus scheinbaren Niederlagen heraus kann etwas Neues, Besseres entstehen. Wer das für sich versteht, kann die Dinge auch mal loslassen und zieht damit mehr und mehr Frieden und Harmonie in sein Leben. Erst wenn wir die Kontrolle auch mal für eine Weile abgeben können, kann friedvolle innere Ruhe entstehen.

Viele Menschen verwechseln dies mit Stillstand. Deshalb fürchten sie die innere Ruhe und versuchen, um jeden Preis ihre tägliche Aktivität aufrechtzuerhalten. Doch wir können uns fragen: Wohin führt diese grenzenlose Aktivität? Was machen diese vielen Gedanken mit uns? Wozu brauchen wir das eigentlich?

Vielleicht verspürst du bereits den Ruf nach Ruhe in dir. Einfach mal »sein zu dürfen«, heraus zu treten aus dem Hamsterrad grenzenloser und oft sinnloser Aktivität. Vielleicht sitzt du in Gedanken bereits an einem stillen See. Dann setze ich mich jetzt gerne einfach einen Moment still neben dich.

Veränderung und Wachstum sind

IMMER schmerzvoll.

Doch nichts ist so schmerzvoll

wie das Verharren in einer

Wirklichkeit, mit der du nichts

mehr zu tun hast.

Das Loch in uns

Als ich zwei Jahre alt war, machte meine Mutter mit mir in Schleswig-Holstein eine Mutter-Kind-Kur. Damals hatte man die eigenwillige Idee, dass sich Mütter besser erholen können, wenn man ihnen die Kinder während der Kur mal für eine gewisse Zeit wegnimmt (ein Therapie-Ansatz, der sich zum Glück nicht durchgesetzt hat). So brachte man uns Kinder eine Woche lang in einem weit entfernten Gebäudeteil unter und die Mütter durften die Kinder eine Woche lang nicht sehen. Mütter und Kinder litten schrecklich unter der Trennung. Nach sieben Tagen kam ich abgemagert, krank und verängstigt zu meiner Mutter zurück. Ich kann mich nicht mehr an die Ereignisse von damals erinnern, doch meine Mutter schildert sie immer noch sehr emotional und kämpft dann regelmäßig mit den Tränen.

Viele von uns haben in ihrer Kindheit Ähnliches erlebt. Solche Momente prägen uns und erschüttern unser Urvertrauen. Kinder wünschen sich vor allem Aufmerksamkeit, Zuwendung und Liebe. Nur über das in unserer Kindheit angelegte Gefühl der äußeren Sicherheit lernen wir, auch im Inneren zu vertrauen. Wurde uns diese Sicherheit in frühester Kindheit für eine Weile oder auf Dauer entzogen, suchen wir als Erwachsene in übertriebenem Maße Stabilität im Außen. Als wäre da ein riesiges Loch in uns, fühlen wir uns von unkalkulierbaren Veränderungen in unserer Umgebung bedroht und sind ständig auf der Suche nach Sicherheit. Wenn uns dann eine Veränderung an die Traumata der Kindheit erinnert, wird sie als unverhältnismäßig große Bedrohung wahrgenommen. Unser Handeln wird dann komplett von der Angst vor dem Kontrollverlust bestimmt.

Kontrolle kann es nicht geben. Niemand kann vorhersagen, welche Konsequenzen andere Entscheidungen gehabt hätten. Niemand kann beurteilen, ob es besser gewesen wäre, wenn wir unser Leben so oder so gelebt hätten. Dennoch neigen wir dazu, uns für den vermeintlichen sicheren Weg zu entscheiden.

Ich möchte dich hiermit einladen, dir deinen Hunger nach Sicherheit, Liebe und Anerkennung mal genauer anzuschauen. Wie sehr wird dein Leben davon bestimmt, das Außen zu stabilisieren, dir das Wohlwollen anderer Menschen zu verdienen oder sogar zu erkaufen? Versuchst du, durch Anpassung, Unauffälligkeit oder Platzhirschverhalten Sicherheit zu gewinnen? Kannst du spüren, dass dahinter eigentlich das Kind in dir steckt, das sich nach Liebe, Geborgenheit, Schutz oder wertschätzender Bestätigung sehnt? Schau doch mal genauer hin, wo und wie du dir Sicherheit, Liebe und Anerkennung erkämpfst oder erkaufst – sei es in der Firma oder in der Partnerschaft.

Du könntest erkennen, dass das Leben wie eine Zugfahrt ist, mit vielen Haltestellen, Reisenden, Gleissperrungen und manchmal auch Unglücken. Du könntest erkennen, dass bei jeder Fahrt immer auch der Faktor Zufall mitfährt, der uns die Hand reicht. Wir steigen ein, treffen unsere Eltern, reichen ihnen die Hand, sie begleiten uns, doch an irgendeiner Haltestelle müssen sie aussteigen und lassen uns allein weiterfahren. Es werden viele Mitreisende in den Zug steigen, unsere Geschwister, unsere Freunde, unsere große Liebe. Viele werden uns mögen – andere tun das nicht. So ist das Leben. Ein paar Menschen werden aussteigen und ein Loch in uns hinterlassen. Andere haben wir nicht einmal bemerkt. Eine spannende Reise voller Begegnungen und Abschiede. Und das größte Rätsel ist, dass wir niemals wissen, an welcher Stelle wir selbst aussteigen müssen. Deshalb sollten wir lieben, leben, lachen und verzeihen. Denn wenn der Moment des Abschieds gekommen ist und wir unseren Platz für immer räumen müssen, sollten nur schöne Erinnerungen in uns sein.

Jedem Absturz wohnt ein Zauber inne

Wir können unserem Leben jederzeit eine neue Richtung geben, indem wir erkennen, dass wir die ersehnte Sicherheit und Liebe nur an einem Ort und in einer einzigen Person finden können – nämlich in uns selbst.

Unsere Welt ist voller Möchtegern-Perfektionisten, Über-Denker und Kopfmenschen. Hier bewerten, da analysieren, dort abhaken. Begegnen sich zwei Kopfmenschen, dann wird zunächst mal abgeschätzt und eingestuft, es wird gemustert und geurteilt. In der Luft schweben Meinungen, Bewertungen, Ängste und manchmal auch Dogmen. Treten wir jedoch aus der kopflastigen Selbstkontrolle heraus, und öffnen wir uns unseren Gefühlen, kann dies unglaublich befreiend sein.

Eine Begebenheit aus dem Jahr 1982 macht das sehr deutlich. Damals flog der Fußball-Profi Uli Hoeneß in einem Kleinflugzeug von München zu einem Länderspiel nach Hannover. In der Nähe von Brelingen bei Hannover stürzte das Flugzeug ab. Die Maschine fiel ins verschneite Moor. Alle Insassen starben – nur Uli Hoeneß hatte unsägliches Glück. Da er nicht angeschnallt war, wurde Hoeneß aus der Maschine geschleudert. Als er gefunden wurde, war er lebensbedrohlich unterkühlt und hatte schwere Verletzungen. Über den Moment, in dem er sich dort im Moor mit der Ausweglosigkeit seiner Situation abgefunden hatte, sagte Hoeneß später den bemerkenswerten Satz: »Am Ende ist es ein gutes Gefühl, wenn du merkst, du hast keine Chance mehr. Dann geht es dir plötzlich gut. Du kannst endlich loslassen. Du bist frei. Was für ein schönes Gefühl.«

Uli Hoeneß verspürte ein Gefühl der absoluten Machtlosigkeit. Er fügte sich den Geschicken, er vertraute sich an, wurde innerlich ruhig. In dieser Situation brauchte er niemandem mehr etwas zu beweisen, denn es war niemand dort. Er akzeptierte und ließ los.

Von der Wippe springen

Auch wenn die meisten von uns hoffentlich nicht in eine solche Extremsituation kommen, können wir daraus lernen, wie schön das Loslassen sein kann. Machtlosigkeit kann bedeuten, völlig frei zu sein.

Oft bemerken wir unsere tägliche Anspannung gar nicht mehr. Doch wenn wir mal genauer hinsehen, erkennen wir plötzlich:

- Wir haben »keine Zeit« mehr.

- Wir nehmen unseren Körper nur noch als funktionierendes Etwas wahr.

- Wir denken ständig darüber nach, was alles passieren könnte.

- Wir haben Schlafprobleme, weil es uns permanent »denkt«.

- Wir wollen das, was passieren könnte, schon voraus berechnen.

- Wir drängen Mitmenschen dazu, unbedingt anders zu sein.

- Wir reagieren ärgerlich, wenn uns jemand versetzt.

- Wir wollen unsere Wohnung stets in perfektem Zustand verlassen.

- Wir fühlen uns durch die Außenwelt bedroht.

- Wir reagieren unwirsch, wenn ein technisches Gerät versagt.

Damit gleicht unser Alltag einer Wippe, auf der wir zwischen Angst und Kontrolle stetig hin und her schaukeln. An diesem Punkt empfehle ich das vermeintlich Unmögliche: radikales Loslassen. Ganz nach dem Motto: Spring in den Abgrund – und du wirst fliegen. Was zunächst mal absurd, verrückt und unrealistisch klingt, ist für mich die Methode geworden, mit der ich meine Ängste vor dem Kontrollverlust überwinden kann. Ich setze mich schlicht in Bewegung und bahne mir einen Weg durch die mich umgebende Angst, indem ich meine Zweifel und Kontrollverlustängste einfach ausblende. In diesem Moment tut sich jedes Mal etwas ganz Wundervolles: Die entschlossene Bewegung in Richtung auf das Unbekannte macht mich frei. Ich fühle mich dann oft wie ein Hochspringer, der über die Latte gleitet, unter der sich Kontrollsucht, Verlustängste, innere Mahner, Planer, Kontrolleure und Pessimisten versammelt haben. Wenn ich nach dem Sprung wieder auf dem Boden lande, habe ich Mut für den Rest der Strecke gesammelt.

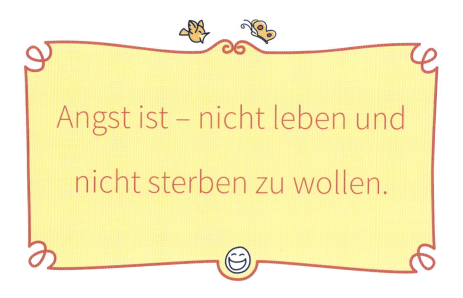

Angst ist – nicht leben und nicht sterben zu wollen.

Stück für Stück zum Glück
Gastkapitel von Sebastian Niklaus

Wer sich beruflich verändert, der riskiert etwas. Bei mir war das nicht anders. Und davon möchte ich dir hier erzählen.

Ich heiße Sebastian Niklaus und komme aus Elchesheim-Illingen, einem kleinen Dorf bei Karlsruhe. Meine berufliche Veränderung war für mich vor allem ein Prozess, der viel Zeit gebraucht hat. Zeit zum Reifen. Zeit, mich selbst zu entwickeln – bis ich bereit war.

Schon als Kind liebte ich Technik und vor allem Elektrotechnik, ich habe gebastelt und alles Mögliche auseinander- und wieder zusammengebaut. Damals konnte man schon ahnen: Der Junge macht das mal beruflich. Nach dem Abi entschloss ich mich für ein Studium der Elektrotechnik, das ich samt Auslandssemester in den USA erfolgreich abschloss. Direkt nach dem Ende des Studiums folgte eine unbefristete Festanstellung in der Niederlassung eines großen Elektrotechnik-Konzerns. Dort habe ich den Umbau oder Neubau von Umspannwerken geplant und koordiniert. Ein Bilderbuch-Lebenslauf.

Neben der technischen Neugierde hat mich immer die Liebe zur Musik begleitet. Schon als Kind war ich von Musik fasziniert und begeistert. Später, auf Geburtstagen von Freunden habe ich immer mal wieder zur Gitarre gegriffen und ein paar Songs gecovert, »Wonderwall« und was man halt so spielt. Doch ich dachte nie daran, meine Leidenschaft für die Musik zu meinem Beruf zu machen.

Im Januar 2009 zog es mich nach Feierabend in ein Musikfachgeschäft in Karlsruhe, ich wollte sehen, wie man Songs aufnimmt. Es hat mir so viel Spaß gemacht, dass ich gleich vor Ort ein sogenanntes Interface und ein günstiges Studiomikrofon gekauft habe. Die erste Song-Idee war bereits in meinem Kopf. Ich habe das Schlagzeug programmiert, die Akustikgitarre eingespielt und dann dazu gesungen. Der Song handelte von einem Thema aus meiner damaligen Lebenssituation.

Mein Job als Elektroingenieur lief ganz normal weiter, parallel dazu schrieb ich neue Songs und richtete mir ein kleines Heimstudio ein. Nach Feierabend arbeitete ich ganz intensiv in meinem neuen Studio an der Vorproduktion. Im Dezember 2011 ging ich dann mit meinen Songs im Gepäck zu einem Bekannten in dessen großes Studio. In dieser Phase war ich 10 Stunden am Tag im damaligen Job und anschließend bis nachts um drei im Studio. Die Aufnahmen waren anstrengend – aber es fühlte sich nicht mal nach Arbeit an. Ich war im Fluss. Mein erstes Album war kurz darauf fertig, Pate für den Albumtitel stand meine neue gewonnene Lebensmaxime: »Ich denk Musik« – bei allem was ich mache. Für

> Wahre Motivation erkennst du daran, dass du vor lauter Begeisterung nicht einschlafen kannst. Weil die Realität besser ist als die Träume.

mich ein großer und bedeutender Schritt auf dem Weg der beruflichen Veränderung. Doch es sollte noch lange nicht das Ende sein.

Ich brauchte immer mehr Zeit für meine Musik, nicht nur um Konzerte zu spielen, sondern auch für Organisatorisches, die Akquise neuer Konzerte, die Promotion und meine musikalische Weiterentwicklung. Damals verschärfte sich der Konflikt zwischen Job und Leidenschaft und ich spielte zum ersten Mal mit dem Gedanken, mich ganz auf die Musik zu konzentrieren. Am Anfang habe ich das verworfen. Schließlich gab es da meine vermeintlich sichere Festanstellung, das ordentliche Gehalt, die betriebliche Altersvorsorge, und nicht zuletzt die Bedenken meiner Eltern und Freunde. Auf der anderen Seite verbrachte ich die Stunden im Büro immer widerwilliger. Immer montags überkam mich so ein komisches Gefühl, dass ich vielleicht was verpassen könnte, wenn ich so weitermache. Dann änderte sich die Firmenphilosophie, das Unternehmen wurde von einem großen Konzern geschluckt. Einige Kollegen veränderten sich und verließen das Unternehmen. Das gab mir noch mal zu denken, die Veränderung war auf einmal greifbarer. Ich schrieb eine Kündigung zum nächsten Monatsende und zerriss sie wieder. Die nächsten 30 Tage wog ich mehrfach ab, was ich bisher erreicht hatte, wie die Chancen standen und welche Kompromisse ich einzugehen bereit war. Genau einen Monat nachdem ich die erste Kündigung zerrissen hatte, nahm ich meinen Mut zusammen, ging ins Büro meines Chefs und überreichte ihm meine Kündigung. Wow, ich hatte es tatsächlich getan. Mein Chef war überrascht, meine Kollegen auch, meinen Eltern hatte ich das wenige Tage vorher schon schonend beigebracht. Und so schied ich Ende Januar 2013 aus meinem alten Beruf aus. Vor mir meine Musik, eine Menge Träume und Wünsche – und letztlich auch ein bisschen Panik.

Die ersten Wochen als Neu-Berufsmusiker waren seltsam, zu Hause zu sitzen, von dort aus zu arbeiten. Einerseits empfand ich pure Euphorie, auf der anderen Seite war ich plötzlich ganz auf mich allein gestellt.

Ich habe mich in die Arbeit gestürzt und meine Zweifel für eine lange Weile ausgeblendet – auch wenn mich das an manchen Tagen viel Kraft gekostet hat.

Seit meinem Berufsausstieg ist viel passiert. Ich habe deutschlandweit eine Menge Konzerte gespielt, bin allein oder mit meiner Band viel unterwegs. Anfang 2014 spielte ich Edo Zanki, Sänger und Produzent von Größen wie Herbert Grönemeyer, einen meiner unveröffentlichten Songs vor. Er war begeistert und hat mir geholfen, den Titel zu produzieren. Mit »In mir« war ich dann zum ersten Mal überregional im Radio vertreten. Was für ein Gefühl! Die Musik des singenden Elektroingenieurs läuft plötzlich im R-a-d-i-o.

Heute, etwa 3 Jahre später, sehe ich die Dinge klarer. Ich habe den Schritt in die Berufsmusik nicht bereut. Ich verdiene weniger Geld, okay. Ich arbeite länger, ist ja fast normal als Selbstständiger. Ich spiele vor allem an den Wochenenden. Aber mein Leben ist elektrisierend, spannend, ich darf viel reisen und begegne Menschen, die meine Songs berühren – und was gibt es Schöneres. Es geht weiter voran in kleinen, aber sehr feinen Schritten.

Mehr Informationen zu Sebastian Niklaus findest du unter *www.sebastian-niklaus.com* oder unter *www.die-runde-ecke.com*

Ein sicherer Job

Wenn wir Leistung, Erfolg und Kampf zu lange verknüpfen, dann leidet unsere Seele. Wir leiden im Stillen, wir wirken wie mittelmäßige Schauspieler, unser Verhalten hat zuweilen etwas Künstliches. Wir sind wie Puppen, die sich selber im Schaufenster ausstellen. Manchmal haben wir etwas Trauriges im Blick, doch wir lächeln. Im Inneren tobt ein Kampf und mit der Zeit lügen wir uns immer häufiger an, um aufrechtzuerhalten, was wir uns und der Welt vorgaukeln, bis wir es irgendwann nicht mehr aushalten. Nun sind wir dort angekommen, wo wir sehen und erkennen können, dass das Aufgeben des Alten eine große Gnade in sich trägt. Die des Neuanfangs. Wir können uns dann fragen:

- Bin ich mit meinen Gefühlen im Einklang?

- Mache ich das, was ich wirklich liebe?

- Kann ich das Alte jederzeit loslassen – um Platz zu schaffen für das Neue?

- Kann ich Veränderung als etwas ganz Selbstverständliches anerkennen?

In der auf Leistung getrimmten Gesellschaft gelten solche Fragen als unnötiges Gedöns, das einen auf dem Weg (nach oben) im Zweifelsfall nur stört. Viele von uns haben gelernt: Lieber den Spatz in der Hand als die Taube auf dem Dach. An sicheren Strukturen, am beruflichen Status und am Lebensstandard messen wir den Wert und das Glück eines Menschen. Deswegen arbeiten wir tagein, tagaus wie auf Schienen an der Karriere, an Titeln, an der Finanzierung eines Statussymbols, am Aufbau des Vermögens. Wir kaufen, leasen, mieten oder finanzieren Dinge, von denen wir eigentlich wissen, dass wir sie nicht wirklich brauchen. Wir tun das nicht, weil wir Materialisten sind. Wir tun es nicht, weil wir gierig sind. Wir tun es nicht, weil wir andere damit beeindrucken wollen. Sondern aus Angst. Konsum ist Kompensation, sozusagen ein Schmerzmittel fürs Hirn. Je mehr wir uns vor dem Versagen fürchten, je weniger das Glück in unserem Herzen wohnt, je mehr Angst wir vor der Veränderung haben, desto öfter kaufen wir überflüssige Dinge, um damit die Angst zu verdrängen.

Wir alle haben Angst, zu verlieren. Wir alle haben Angst vor dem Nichts. Angst vor der Veränderung. Doch am Ende dieser Angstkette wartet ohnehin der Tod, der uns alles nimmt. Status, Vermögen, Titel, Luxus.

Lebensbilanz

Als Zivildienstleistender habe ich im Knappschaftskrankenhaus Würselen bei Aachen Josephine kennengelernt, eine liebenswerte alte Dame, die damals dort Patientin war. Sie erzählte mir oft von ihrer großen Liebe Mason und wie sie den gutaussehenden GI im Januar 1945 kennen- und lieben gelernt hatte. Sie wäre nach der Besatzungszeit so gerne an seiner Seite mit nach Kalifornien gegangen – doch sie tat es nicht. Es machte ihr zu viel Angst. Stattdessen lebte sie dann ein lauwarmes Leben und heiratete einen anderen Mann, für den sie niemals so starke Gefühle hatte. Am Ende ihres Lebens bereute sie ihre Entscheidung immer noch. Sie war davon überzeugt, das Leben ihrer Eltern kopiert zu haben, obwohl es sie nie begeistert hatte. Josephine sagte mehrfach zu mir: »Ich war wohl ein Feigling.«

In Seminaren erzähle ich sehr gern Josephines Geschichte und frage dann die Teilnehmer, an welcher Stelle ihrer Lebensspanne sie sich zum gegenwärtigen Zeitpunkt einordnen würden. In einer Zeichnung sollen sie für sich markieren, wie viel Zeit ihres Lebens schon vergangen ist. Zwei schwarze Striche markieren dabei die Geburt und das vermutete Ende eines Lebens. Und der gelbe Strich – irgendwo dazwischen – steht für den heutigen Tag.

Für gewöhnlich erlebe ich bei der Auswertung erstaunte Gesichter. Die Teilnehmer sagen dann Sätze wie »Oh Gott, was mache ich eigentlich mit meinem Leben?«, »Über die Hälfte meiner Zeit ist rum«, und »Ich will jetzt endlich mal was für mich tun«.

Um die richtigen Ziele in unserem Leben zu finden, kann eine derartige Betrachtung der uns verbleibenden Lebenszeit sehr heilsam sein. Die meisten Menschen ignorieren nämlich die unabänderliche Tatsache, dass sie sterblich sind. Die bewusste Betrachtung unserer Endlichkeit kann uns befähigen, das Leben wertzuschätzen. Ich habe auch oft auf Beerdigungen beobachten können, wie die Menschen gemeinsam lachen und weinen und sich darauf besinnen, was es bedeutet, am Leben zu sein.

Wenn du dir selbst wichtig bist, könntest du heute mal so etwas wie eine aufrichtige Lebensbilanz ziehen. Es ist eine wundervolle Möglichkeit, eine Antwort auf die Frage nach deinem persönlichen Lebenssinn zu bekommen. Stell dir dazu vor, auf deinem Grabstein würde ein einziger Satz stehen, der zum Ausdruck bringt, wie du dein Leben gestaltet hast. Stünde da »Ich hatte nie Zeit«? Oder »Ich wollte nicht unangenehm auffallen«; »Ich war immer nett, aber selten glücklich«; oder »Mein Leben ist einfach so passiert«?

Welcher Satz wäre es bei dir? Ich möchte dich ermutigen, dranzubleiben, auch wenn es dir unangenehm ist. Wenn es um unsere tiefsten Sehnsüchte, Wünsche oder Ziele geht, fühlen wir uns manchmal ganz hilflos und möchten die Gedanken schnell wieder beiseiteschieben. Das ist normal. Schließlich haben wir unsere Träume nicht ohne Grund so lange verdrängt.

Wenn du dann noch ein Stückchen weiter gehen möchtest, kannst du dich fragen:

- Mit was in meinem Leben bin ich nicht zufrieden?

- Will ich bleiben wie ich bin?

- Welcher Bereich meines Lebens drängt schon lange nach einer Veränderung?

- Was ist meine größte Sehnsucht?

- Welche Warnsignale hat mein Körper mir bereits gesendet?

- Wenn sich meine Träume erfüllen würden, dann …

Seine Gedanken nicht unter Kontrolle zu haben und auf Untiefen in der eigenen Seele zu stoßen, gehört für Menschen einer effektiv organisierten Zivilisation zu den schwierigsten Übungen. Wir benutzen unseren Verstand und unsere inneren »Gatekeeper«, um uns vor emotionaler Berührung zu schützen. Wir denken, unser Glück hinge davon ab, wie sehr es uns gelingt, temporäre Unzufriedenheit und Kummer auszublenden. Doch unser Wachstum in die echte Zufriedenheit definiert sich ganz wesentlich darüber, ob wir uns die eigenen Baustellen ehrlich ansehen. Dann können wir uns entscheiden, wie wir mit diesen Erkenntnissen umgehen wollen. Es steht dir natürlich vollkommen frei, dir diese Fragen zu stellen, dich zu verändern oder nicht. Wenn es dir gefällt, kannst du einfach so bleiben wie du bist. Oder dich tatsächlich sehr ehrlich fragen: Was ist meine wahre Sehnsucht?

Der Brief einer alten Dame

Wenn ich mein Leben noch einmal leben könnte,
würde ich versuchen,
beim nächsten Mal mehr Fehler zu machen.

Ich würde nicht mehr so perfekt sein wollen,
sondern viel entspannter,
nachgiebiger.

Ich wäre sicher alberner, als ich es bei diesem Trip war.
Es fallen mir nur sehr wenige Dinge ein,
die ich so ernst nehmen würde.

Ich wäre verrückter und weniger auf Hygiene bedacht.
Ich würde mehr Chancen ergreifen,
mehr Reisen machen,
mehr Berge besteigen,
in mehr Flüssen schwimmen.

Ich würde Orte besuchen,
die ich noch nie gesehen habe.

Ich gehörte zu jenen Menschen,
die niemals ohne Thermometer, Wärmflasche, Mundwasser,
Regenmantel und Fallschirm unterwegs sind.
Falls ich noch einmal leben könnte, würde ich mit leichterem Gepäck
reisen.

Wenn ich noch einmal leben könnte,
würde ich im Frühling früher anfangen,
barfuß zu laufen,
und im Herbst später damit aufhören.

Ich würde öfter Karussell fahren,
mehr Sonnenaufgänge anschauen und öfter mit Kindern spielen.

Wenn ich mein Leben noch einmal leben könnte. Aber das kann ich nicht… ich bin 95 Jahre alt und weiß, dass ich bald sterben werde.

(Autorin unbekannt)

Ich will so bleiben wie ich bin

Kennst du diesen Spruch aus der Fernsehwerbung? Da singt eine Frauenstimme: »Ich will so bleiben wie ich bin…« Und im Flüsterton bekommt sie selbstredend Zustimmung: »Du darfst!«

Aber möchtest du wirklich morgen oder nächsten Monat noch genau der-/dieselbe sein wie heute? Wäre das nicht ziemlich langweilig? Ist das nicht eine Lebensweise, die den Gesetzen des Universums widerspricht? Und ist nicht das Aufregendste am Leben, dass wir uns ständig verändern?

In vielen Veränderungsprozessen bei mir selbst habe ich festgestellt: Je größer die Menge an ungelebtem Leben in mir ist, desto unzufriedener bin ich mit meinem alltäglichen Dasein. Der Mensch sehnt sich nach Freiheit, nach neuen Eindrücken, nach Veränderung. Wenn ich meiner Intuition und meinen Sehnsüchten intuitiv folge, erlebe ich Leichtigkeit und habe weniger Angst – übrigens auch vor dem Tod. Mich dem Neuen zu öffnen, mich wirklich zu verändern, setzt natürlich IMMER tief sitzende Ängste frei. Doch im Vergleich zu der dauerhaften Frustration, die ich beim Festklammern an das Alte und Gewohnte empfinde, sind diese Ängste überschaubar.

Viele Menschen spüren zwar die innere Unzufriedenheit, gehen die Veränderungen jedoch nicht an, weil sie panische Angst haben, zu versagen oder zu scheitern. Wer den Sprung in die Unsicherheit zu lange meidet, fängt dann oft irgendwann an, anderen Menschen die Schuld für das zuzuweisen, was sich nicht richtig anfühlt und sich über alles und jedes zu beschweren. Im Winter nerven Kälte und Schneematsch, im Frühjahr scheint zu wenig Sonne, im Sommer ist es viel zu heiß und vor Weihnachten stört natürlich der unsägliche Stress. Kürzlich hat mir die Verkäuferin in unserer Dorf-Bäckerei erzählt, dass Kunden sich sogar über die falsche Form der Brötchen beschweren und sie deswegen umtauschen möchten. Andere haben das Gefühl, das Leben schulde ihnen etwas. Sie glauben, dass sie bei der Verteilung von Glück und Zufriedenheit schon längst mal hätten an der Reihe sein müssen und schimpfen deshalb über die politischen Verhältnisse, die Flüchtlinge, die Politiker, das Topmanagement, die Ungerechtigkeit des Lebens, die Veränderungen unserer Zeit, die Umwälzungen in unserer Gesellschaft.

Hier kommen ein paar harte und deutliche Sätze: Leiden tun wir, wenn wir in allem eine Beschwerung sehen und dem Schicksal Macht über uns geben. Ich weiß, das klingt wenig mitfühlend – es ist aber so. Wer sich als vom Leben ungerecht Behandelter oder gar als Opfer sieht, das keine Wahl hat, Entscheidungen zu treffen und auf die veränderte Welt zu reagieren, fügt sich das Leiden daran selber zu. Es gibt nur diese eine Welt, wie sie gerade ist.

Der rote Knopf

Ich hatte mal eine Kollegin, die gerne ihren Frust und ihre Sorgen bei mir ablud. Die Kollegen seien schlecht zu ihr, sie werde ständig gemobbt, ausgegrenzt und von oben herab behandelt. Außerdem habe sie mal wieder schlimme Kopfschmerzen und überhaupt. Beim ersten Gespräch habe ich ihr noch geduldig zugehört und ein paar Tipps gegeben. Bei der zweiten Begegnung wurde ich stutzig. Schon wieder war sie das Opfer, alle hatten sich angeblich gegen sie verschworen. Bei der dritten Begegnung habe ich sie dann mal ehrlich an meinen Gedanken teilhaben lassen:

Wer Opfer wird, hat vielleicht mal Pech gehabt. Wer Opfer bleibt, ist selber schuld. Auch wenn das fies klingt: Opfer sein bringt Vorteile: Man bekommt reichlich Aufmerksamkeit und kann seine Wunden lecken, während die anderen einem Mitgefühl und Trost entgegenbringen. Solch ein Verhalten kann das seelische Leid eines Opfers zwar etwas lindern, aber niemals vertreiben. Wer dem Schicksal oder anderen die Schuld für die eigene Lage gibt, macht sich außerdem anfällig für Manipulationen. Ein defensives und unsicheres Verhalten erregt zunächst vielleicht Mitleid, lädt allerdings andere auch manchmal ein, auf einem herumzutrampeln.

Wir alle neigen manchmal zu Opfergedanken. Wir haben das Gefühl, die Welt würde sich gegen uns verschwören, andere Menschen würden uns schlecht behandeln oder seien schuld an unserem Unglück. Wenn daraus jedoch ein Dauerzustand wird, sollte man die eigene Verhaltensweise mal genauer hinterfragen.

Opfergedanken kannst du daran erkennen, dass an allem die anderen oder die Situation schuld sind. Wer seine Umwelt beschimpft (»Diese Idioten …«), sich mit den Umständen rausredet (»Ich könnte ja schon mehr leisten, aber nur wenn …«) oder sich davon abhängig macht, dass die anderen sich ändern (»Wenn der endlich mal aufräumen würde …«), macht sich innerlich zum Opfer.

Opfergedanken sind wie die alte Raufasertapete, die wir immer wieder neu überstreichen. Doch es bleibt nun mal die alte Tapete und wir können nur hoffen, dass sie nicht irgendwann runterkommt. Die Alternative dazu: Wir kratzen die alte Tapete ab, d.h. wir hinterfragen unsere eigenen Muster und Mechanismen. Wenn uns das gelingt, können wir vom Opferlamm zum selbstbewussten Menschen werden. Mit dieser Einstellung können wir den Herausforderungen unserer Zeit dann wieder mit Kraft und Entschlossenheit begegnen, einen besseren Umgang mit Konflikten erlernen und unsere Einstellung verändern. Auf die Dauer ist es fast immer zielführender, bei sich selbst anzufangen und neue Strategien für den Umgang mit sich selbst zu lernen. Ab dem Tag, an dem wir aufhören, die Schuld für Konflikte bei anderen zu suchen, werden wir Stück für Stück souveräner und selbstbestimmter.

Wie das gehen kann? Können wir schwächende Denkmuster in uns erzeugen, können wir diese auch durch neue, stärkende Denkmuster ersetzen. Visualisiere dir bei Opfergedanken einfach einen Knopf, den du immer dann drückst, wenn alte Muster in dir hochkommen. (Erinnerst du dich noch an den Knopf am Anfang des Buches? Etwa so!) Erkenne heute (und, wenn du willst, von nun an) ganz bewusst die Momente, in denen du anderen Menschen oder der Politik oder wem auch immer die Schuld an etwas zuweisen möchtest und anfängst, dich in die Opferrolle zu begeben. Sammle dann all deine Aufmerksamkeit und konzentriere dich bei geschlossenen Augen auf den roten Knopf. Drücke in deiner Vorstellung den roten Knopf und löse dich davon. Sofort.

Je öfter du deinen roten Knopf benutzt, desto schneller funktioniert er.

Die Vorzeichen erkennen

»Veränderungen begünstigen nur den, der darauf vorbereitet ist.«

Louis Pasteur

Nehmen wir mal an, du hockst nichtsahnend an deinem Schreibtisch, als ein Kollege hereinkommt und dir grinsend mitteilt, dass du doch bitte mal zum Chef kommen sollst. Der macht dir unmissverständlich klar, dass die Firma es wirklich sehr bedauert, sich mit sofortiger Wirkung von dir trennen zu müssen. »Sie werden das sicher schaffen. Machen Sie doch ein paar Fortbildungen und dann wird das schon!« ist alles, was ihm noch dazu einfällt. Zum Schluss wedelt er noch kurz mit einem Info-blatt zu deinen Rechten und Pflichten – und der Drops ist gelutscht.

Eine Veränderung aus heiterem Himmel? Ein Schicksalsschlag? Du konn-test das gar nicht voraussehen? Ist dem wirklich so?

Fast alle Veränderungen haben Vorzeichen. Hast du die letzten Bilanz-zahlen deiner Firma nicht gesehen, oder die schleichende Erosion deiner Abteilung? In der Regel haben wir mehrere Gelegenheiten, zu erkennen, in welche Richtung sich das Umfeld oder ein System entwickeln werden. Wir müssen einfach nur aufmerksam hinschauen. Denn dann haben wir die Wahl: Verändern wir uns oder lassen wir uns »verändern«?

Für viele Menschen ist das Herannahen einer Veränderung eine große psychologische Herausforderung. Sie ducken sich weg. Sie ignorieren die Zeichen, die sie längst erkannt haben. Sie ziehen es vor, sich als Spiel-ball des Lebens zu fühlen. Sie wollen die Signale in ihrer Umgebung nicht wahrhaben, mit denen sich der Wandel ankündigt. Im Vorfeld hätten sie noch die Möglichkeit gehabt zu planen, sich auf die Veränderung einzu-stellen, eine neue Perspektive zu entwickeln oder womöglich sogar sich auf schlechtere Zeiten vorzubereiten. Stattdessen aber warten sie so lan-ge ab, bis sie das Unheil von hinten in den knackigen Popo beißt und werden erst aktiv, wenn es gar nicht mehr anders geht.

Veränderungsbereitschaft und Anpassungsfähigkeit gehören zwar zu un-serer evolutionären Grundausstattung, die wir jederzeit wieder entde-cken können. Doch in unserer Kontrollangst und Veränderungs-Unlust neigen wir dazu, nicht die Situation im Gesamten zu erfassen, sondern lediglich einen Teilaspekt, nämlich jenen, der uns gerade konkret weh-tut. Und so treffen wir vielleicht eine Entscheidung über diesen oder je-nen Teilaspekt. Wir verändern homöopathisch etwas im Kleinen und warten dann ab, bis uns die nächste unangenehme Situation begeg-net. Obwohl mit vorausschauendem Blick längst erkennbar wäre, dass es einer größeren und massiveren Korrektur bedarf. Die Folge ist dann eine Reihe von kleinen, oberflächlichen Reparaturen, die unsere Gesamtsituation nur unwesentlich verbessern. Das Leben lebt uns, und nicht wir leben das Leben. Folgende Gedanken sind Hinweise auf re-agierende Verhaltensgewohnheiten:

- Mein Leben fühlt sich bleiern und schwer an.

- Andere Menschen tragen die Schuld an meinem Zustand.

- Ich weiß seit langer Zeit, dass ich etwas ändern muss.

- Ich bin überzeugt, dass ich ohnehin nichts ändern kann.

- Ich tue mir oft selber leid.

- Die »da oben« machen doch sowieso was sie wollen …

Gute Strategen hingegen reagieren rechtzeitig und suchen sich neue Optionen, finden Alternativen oder vielleicht sogar in eine ganz andere Umgebung. Sie verändern sich. Wie uns das mit mehr Schwung als Angst gelingen kann, davon handelt das folgende Kapitel.

Das Leben sendet immer Zeichen

Die Welt ist in Bewegung, alles existiert nur auf Zeit. Aus Sicherheit wird Unsicherheit, aus Krieg wird Frieden, aus Feinden werden Freunde. Der Fluss des Lebens ist der stetige Wechsel aus Loslassen und Neuanfang.

Doch wir erliegen der Illusion, dass wir das Alte festhalten können. Wir meinen, die Wirklichkeit einfrieren zu können. Doch das Leben fordert zusehends unsere wahre Bestimmung ein. Wir werden wie von einem unsichtbaren Ringer auf die Matte gedrückt, er nimmt uns die Beweglichkeit und zwingt uns auf den richtigen Weg. Das Leben schickt uns diese Signale in steigender Intensität. Womöglich werden wir sogar krank, damit wir die Notwendigkeit einer Veränderung erkennen. Wenn wir diese mächtige Kraft ignorieren, uns womöglich ja sogar für eine Weile aus dem Klammergriff befreien können, dann holt uns der Ringer wieder ein. Und da liegen wir dann wieder auf der Matte, wie ein Häuflein Elend.

Doch wir bekommen auch eine neue Chance, uns endlich mit der wahren Bestimmung auseinanderzusetzen. Wir haben die Chance, ein neues Kapitel aufzuschlagen.

Ich bin am Ende, doch gleichzeitig am Anfang.

Wie Motivation funktioniert

Jede Übergangsphase beinhaltet eine Form der Geburt. Ob in der Pubertät, beim Start in den Beruf oder in der Midlife-Crisis: Wenn wir auf Veränderungen im Leben reagieren wollen, dann überschreiten wir eine Schwelle, gehen vom Gewohnten ins Ungewohnte, ins Reich des Unbekannten.

Das gelingt uns leichter, wenn der Übergang uns begeistert. Wir sollten unbedingt »dahin wollen«. Denn nur wenn am Horizont ein helles Licht lockt (»see the light«), führt uns das freudvoll und motiviert zum Ziel.

Stell dir zum Beispiel vor, ein Mann aus Deutschland verliebt sich in eine junge Frau aus Schweden, die kein Wort Deutsch spricht. Wenn der Mann nicht über beide Ohren verliebt wäre, dann würde er für das Erlernen ihrer Sprache ziemlich lange brauchen. Wenn die beiden jedoch eine Partnerschaft eingehen, dann spricht er ihre Sprache spätestens nach einem halben Jahr. Begeistert dich dein Tun, dann geht es schneller, leichter und dein Handeln macht dich glücklich, zumindest für eine ganze Weile. Wenn unser Glückszentrum anspringt, begeben wir uns gerne auf die Reise. Faszination und »Neu-Gier« sind ganz wesentliche Treiber für jede Veränderung. Nur, was uns wirklich berührt, führt uns lustvoll auf neues Terrain.

Damit ein Neuanfang funktioniert, hilft es also, das Lustvolle zu betonen. Die Lust ist ein wundervoller Wegweiser – was immer sie dir sagt, dort solltest du hingehen. Viele der künftigen Chancen entstehen erst dadurch, dass du dich auf einen noch unbekannten, aber lustvollen Weg begibst. Du lernst neue Leute kennen, entwickelst Ideen und knüpfst spannende Kontakte. Nicht, dass jeder neue Kontakt gleich zum Ziel führt – doch es ist vergleichbar mit den Wellen, die ein Stein schlägt, den du ins Wasser wirfst: Man kann nicht genau sagen, wie sie verlaufen werden, doch irgendwo kommen sie an. Alles, was du lustvoll tust, zieht Kreise. Jeder, der etwas aus Überzeugung anstößt oder bewegt, macht anderen Mut, es auch zu versuchen. So ergeben sich plötzlich Chancen und Allianzen, mit denen man vorher nie gerechnet hätte.

Die Lust zum Aufbruch ins Ungewisse bringt Erstaunen in das Alltägliche und Veränderungen in die Stagnation. Sie erfüllt angstvolle Räume mit Licht, Leben und Farbe. Ein lustvoller Aufbruch schenkt uns die Kraft, uns selbst immer wieder neu zu erfinden, uns zu motivieren und uns darüber immer weiter selbst zu heilen.

»Ins Wasser fällt ein Stein, ganz heimlich still und leise, und ist er noch so klein, er zieht doch weite Kreise.«

(Gesangbuch Evangelische Kirche in Hessen und Nassau, Text: Manfred Siebald)

Welches Ziel motiviert mich?

In der Geschichte der Menschheit gibt es zahlreiche Beispiele großer Visionäre, deren Wünsche und Ziele sich mit der nötigen Ausdauer in Wirklichkeit verwandelt haben. Sie nutzten schlicht eine Fähigkeit, die wir alle besitzen: die Erschaffung eines gedanklichen Bildes, das Stück für Stück zur Wirklichkeit wird.

Ole Kirk Christiansen beispielsweise, der Erfinder der weltbekannten LEGO-Steine, kam 1891 in der damals bitterarmen dänischen Region Jütland zur Welt. Zunächst brannte seine erste Werkstatt mitsamt Haus ab, nachdem zwei seiner vier Söhne mit Streichhölzern gespielt hatten.

Manchmal verstehen die Menschen deinen Weg nicht. Warum sollten sie auch? Es ist ja nicht ihrer...

Obendrein hatte die Weltwirtschaftskrise der 30er-Jahre schon bald ihren Höhepunkt erreicht. Trotzdem: Christiansen schaffte sich als Erster in Dänemark eine Kunststoff-Spritzgussmaschine an und begann, mit dem Material zu experimentieren. Als Christiansen seine Lego-Steine auf der Nürnberger Spielwarenmesse vorstellte, gab es ein vernichtendes Echo. Das Konzept habe keine Zukunft, da waren sich alle sogenannten »Fachleute« einig. Doch er blieb beharrlich. Mit einem erstaunlichen Ergebnis: Die im Jahr 2015 produzierten Steine würden aneinandergereiht 17-fach um die Erde reichen. LEGO ist heute der größte Spielzeughersteller der Welt und erwirtschaftete zuletzt einen Umsatz von 28,6 Milliarden dänischen Kronen.

Auch Joanne K. Rowling, die Harry Potter-Schöpferin, hat ihre Vision mit Ausdauer verwirklicht. Nach ihrer Aussage haben über 50 Verlage ihr erstes Manuskript zu »Harry Potter« mit größtenteils spöttischen Kommentaren abgelehnt. In einem Interview sagte sie: »Sie hielten das alles für Unsinn. Die meisten hätten die Schuld auf die Menschen in den Verlagen, eine Finanzkrise oder den Buchmarkt geschoben. Sie hätten gedacht, dass es die Umstände waren, in jedem Fall jemand anderes. Und damit hätten sie eine wundervolle Rechtfertigung für ihr eigenes Versagen gehabt. Damit hätten sie aber nicht aus ihren Fehlern gelernt und etwas verändert. Meine Erkenntnis war schlicht: Mein Manuskript ist noch nicht gut genug. Also habe ich es verbessert!«

Auch ich hatte eine Vision, die zunächst keiner teilen wollte. Die Idee: Ich wollte zwischenmenschliche Geschichten auf die Bühne bringen, die einen zum Staunen bringen, das Herz schneller schlagen lassen. Zehn packende Minuten, die uns aufhorchen lassen. Überraschendes, Bewegendes, Trauriges, Lustiges, Erlebnisse mit Kollegen oder Freunden. Einen Namen für die Idee gab es noch nicht, doch ich wollte es unbedingt machen. Keiner hat an meine Vision von »ein Mikrofon, ein Mensch, eine wahre Erzählung« geglaubt. Über zwei Jahre bin ich hartnäckig drangeblieben und habe Mitstreiter gesucht, die meine Idee klasse fanden. Und ich habe sie gefunden! Heute sind wir damit im Fernsehen. Tja, und die Zweifler und Mahner der Vergangenheit sprechen nun Sätze wie: »Kaum zu glauben, das hätte ich nun wirklich nicht gedacht…«.

Ich bin davon überzeugt, dass Erfolg, Glück und erfolgreiche Veränderung vor allem auf Beharrlichkeit beruhen. Es geht darum, die sogenannte extra Meile zu gehen. Das tun die wenigsten Menschen. Deshalb ist die letzte Meile so ein einsamer Ort. Beharrliche Menschen bleiben auch dann noch dran, wenn ihnen das Umfeld vehement davon abrät. Sie sehen die Zweifel der anderen vielleicht sogar als Bestätigung, dass sie auf dem richtigen Weg sind. Denn an diesem Ort war ja vorher noch niemand.

Und was sind deine Visionen, die du in deinem Leben hattest und hast? Welche Visionen hast du irgendwann aufgegeben und warum? Bist du wirklich glücklich oder hast du dich mit den Umständen arrangiert? Hast du eine Vision? Dann schreibe sie jetzt einfach mal auf, male sie dir in bunten Bildern aus. Das ist häufig der wichtigste Schritt auf dem Weg in die selbstbestimmte Zukunft.

Und los!

Vielleicht verspürst du nun gerade Energie, Entschlossenheit und Tatkraft. Du hast einen ganz konkreten Plan, was du verändern möchtest oder sogar musst. Jetzt und hier und sofort. Ein Tipp: Wenn du nun voller Tatendrang losstürmst und augenblicklich alles in deinem Leben und Umfeld verändern willst, könnte es manche deiner Mitmenschen verwirren oder sogar überfordern. Womöglich werden sie dich sogar ablehnen und Widerstand leisten, wenn du sie mit deinen Gedanken und Plänen konfrontierst. Versuche besser nicht, sie zu überzeugen. Denn du weißt ja bereits: Die wenigsten Erdenbürger schreien »Hurra«, wenn fremde Ziele und Veränderungen an sie herangetragen werden. Menschen, die Sätze sagen wie »Das hat noch nie so funktioniert!«, »Du kannst doch ohnehin nichts ändern …«, »Das kann so richtig ins Auge gehen …« oder »Hey, das schaffst du nie …« sind Prüfsteine für dein persönliches Wachstum. Es ist **deine** Veränderung, es sind **deine** Gedanken, es ist **dein** Weg. Und deine Begeisterung darüber ist für andere nicht immer nachvollziehbar.

Es ist unangenehm, sich in diesen Momenten nicht verstanden oder sogar abgelehnt zu fühlen. Jeder Mensch hat irgendwann die Erfahrung gemacht, sich nicht zugehörig, abgelehnt oder ungeliebt zu fühlen und versucht, diese Erfahrungen in Zukunft zu vermeiden. Es beginnt meistens schon in der Kindheit. In der Schulzeit blieb ich beispielsweise in der Turnstunde meistens auf der Bank übrig, bis ich einer Mannschaft zwangszugeteilt wurde. Später wurde meine leicht krumme Nase zum Gegenstand für zahlreiche boshafte Sprüche in meinem Umfeld. Doch vor einigen Jahren habe ich erkannt, wie wichtig es ist, mich von der Angst vor Ablehnung zu befreien. Wahre Kraft für die Veränderung kann immer nur aus mir heraus erwachsen. Im Übrigen ist es unmöglich, irgendwo absolut dazuzugehören. Wer das erkennt, nimmt sich den unglaublichen Druck, sich selbst verbiegen zu müssen, um dazuzugehören und gemocht oder geliebt zu werden. Man beginnt die eigenen Ziele und Wünsche zu leben und nicht die, denen man um der Zugehörigkeit willen nacheifert. In dem Moment, wo man wirklich das lebt, was man selbst ist und nicht das, was andere Menschen sich wünschen, wird sich das nagende Gefühl der Einsamkeit verlieren und es entsteht eine neue Selbstdefinition. Für mich habe ich beispielsweise eine neue Autarkie entwickelt. Wenn andere sich bei Firmenfeiern singend zuprosten, auf den Tischen tanzen und anschließend in den Armen liegen, stehe ich freundlich lächelnd in der Ecke und beobachte wertschätzend das Geschehen. In Akzeptanz meiner Einsamkeit kann ich es nun genießen, diesem Treiben eine Weile zuzuschauen. Denn ich habe erkannt: Gegen die Konventionen der eigenen Zeit zu leben und Dinge anders lösen zu wollen, war niemals einfach.

Bis man sich verpflichtet hat

Bis man sich verpflichtet hat, zögert man. Man läuft Gefahr, einen Schritt rückwärts zu machen und ist immer wirkungslos.

Es gibt eine elementare Wahrheit, die auf alle Initiativen und Schöpfungen zutrifft und deren Unkenntnis zahllose Ideen und prächtige Pläne zugrunde richtet: In dem Augenblick, in dem man sich unumstößlich verpflichtet, tritt auch die Vorsehung auf den Plan. Alle möglichen Dinge ereignen sich, um einem zu helfen, die sich anderweitig niemals ereignet hätten.

Ein ganzer Strom von Geschehnissen entfließt der Entscheidung. Sie beschwört alle möglichen unvorhergesehenen Vorkommnisse, Zusammentreffen und materielle Hilfe zum eigenen Vorteil herauf, wovon keiner sich hätte träumen lassen, dass ihm das je geschehen würde.

Was immer du tun kannst oder erträumst zu können, beginne es!

Kühnheit besitzt Genie, Macht und magische Kraft.
Beginne es jetzt!

J. W. von Goethe zugeschrieben

Ein neuer Horizont

Wie schnell unser Horizont sich ausdehnen und wieder schrumpfen kann, haben wir alle schon erlebt. Wenn wir aus dem Urlaub zurückkommen, sprudeln wir vor Energie. Wir haben Ideen, die wir unbedingt anpacken möchten. Urlaub ist wie ein Neuanfang.

Häufig machen wir dann den Fehler, zunächst wieder in den Alltagstrott zurückzukehren, bevor wir etwas verändern. Und schon bald drehen wir wieder unsere Runden im gewohnten Fischteich und schnappen nach Luft, weil das Wasser für uns nicht mehr ausreichend Sauerstoff enthält. Die Kraft zur Erneuerung erlahmt, der Alltagstrott hat uns wieder im Griff.

Im Urlaub sind wir oft bereit, uns neuen Zielen mit Offenheit zu nähern, doch daheim angekommen lassen wir uns dann wieder von den alten Mustern einfangen. Wir träumen noch eine Weile von unseren Vorhaben, doch wir setzen sie niemals in die Tat um, weil wir uns vor dem »Tal der Tränen« (siehe: Phasen der Veränderung) drücken. Dabei sind wir von der Realisierung unserer Träume immer nur einen Gedanken entfernt. Es bedarf einfach nur dieses Rucks, dieses Sprungs, damit wir wieder bei uns sind.

Gute Noten oder Talent sind keine Garantie für beruflichen Erfolg. Entschlossenheit, Fantasie und Hartnäckigkeit sind es schon eher. Träumer, Visionäre und Spitzenverdiener aller Branchen haben eines gemeinsam: Sie sind bereit, für eine Weile ihre Angst vor dem Scheitern und vor Zurückweisung zu vergessen und ins Ungewisse zu springen. Wenn du beharrlich die Nähe der richtigen Leute wählst, wirst du alle nötigen Informationen bekommen. Du wirst vielleicht auch Menschen kennenlernen, die dich zunächst einmal ablehnen, dann aber in der Erreichbarkeit deiner Ziele bestärken, die dich womöglich sogar fördern und fordern. Mit der Entscheidung beginnt das Gesetz der Resonanz, seine Wirkung zu entfalten, wie es in dem oben stehenden Text »Bis man sich verpflichtet hat« so treffend beschrieben wird.

Was werden bloß die Nachbarn sagen?

Ein klassischer Spruch meiner Mutter war: »Was sollen nur die Nachbarn denken?« Nicht auffallen, nicht anecken, nicht stören. Das war der Lebensentwurf meiner Eltern und vieler anderer Menschen ihrer Generation. Und das haben sie auch ihren Kindern beigebracht. Doch auch wenn normal und vorsichtig sein seine Vorteile hat: Man kann auch anders leben. Menschen mit großen Plänen agieren mutig und verändern sich stets aufs Neue. Auch wenn es unter ach so kultivierten Menschen schick ist, sein Ego nicht zu sehr in den Mittelpunkt zu stellen, manchmal brauchst du Mut und Ego, um deine Ziele zu verwirklichen.

Viele Menschen trauen sich nicht, aufzufallen. Sie haben Angst, dabei anzuecken, und beziehen deswegen keine klare Position. Es ist ihnen unangenehm, wenn sie kritisiert werden oder ihnen jemand offen zeigt, dass er sie nicht mag. Deswegen ziehen sie im Alltag oft den Kopf ein. In der Natur jeder Veränderung liegt es jedoch, dass sie polarisiert. Wer seinem Umfeld mit Eindeutigkeit begegnet und Veränderungen konsequent angeht, muss mit Ablehnung rechnen. Eine sich verändernde Persönlichkeit darf gar nicht Everybody's Darling sein, denn damit würde sie die Kraft ihrer Ideen und Vorstellungen untergraben. Wer in einem Veränderungsprozess für alle alles sein will, ist für niemanden das Richtige. Nur wer sich klar für das einsetzt, was er als Mensch will, kann sein Ziel erreichen. Nur wer mit klarer Haltung und Vision in die Zukunft schreitet, kann sich aus den Ängsten und der Lethargie des Alltags befreien. Dabei ist es hilfreich, sich über das Gesetz der Resonanz im Klaren zu sein. Davon handelt das folgende Kapitel.

Das Gesetz der Resonanz

Was du über dich selbst denkst, begegnet dir im Außen – in der Reaktion deiner Mitmenschen. Sie spiegeln dir, was du über dich selbst denkst und wie du den Tag erlebst. Bist du ängstlich, wirst du ängstliche Menschen anziehen. Hältst du dich für nicht begehrenswert, wird das nächste Date sicher kein Erfolg werden. Zweifelst du an deinen Qualifikationen, wirst du im Assessmentcenter sicher nicht punkten. Denn selbst wenn der Traumjob oder der Traumpartner vor der Tür stehen würde, würdest du denken: »Ob ich das kann? Ob ich es wert bin? Und wenn die mich durchschauen?« Deine Gedanken und deine Haltung erzeugen genau jene Resonanz, die deine Außenwelt entsprechend reagieren lässt.

Eine wundervolle Möglichkeit, dieses Selbstsabotageprogramm mit einem Trick zu beenden, ist, anderen Menschen Komplimente zu machen! Denn echte Komplimente können wir nur machen, wenn wir uns selber lieben. Das bedeutet im Umkehrschluss: Wenn wir fleißig Komplimente machen, werden wir uns früher oder später selbst mehr lieben und damit auch im Außen mehr geliebt werden. Denn auch hier wirkt das Gesetz der Resonanz: Kannst du anderen Menschen gegenüber deine ehrliche Wertschätzung zum Ausdruck bringen, reagieren sie entsprechend auf dich. Sie können gar nicht anders!

Klingt das für dich komisch? Übertrieben? Oder mit Zuckerguss belegt? So erging es mir auch zuerst. Wir tun uns schwer, Komplimente zu machen, obwohl wir wissen, wie gut es sich für andere Menschen anfühlt, wenn es ehrlich gemeint ist. Manchmal fürchten wir uns einfach vor den Reaktionen der verbal Beschenkten, oder wir trauen es uns nicht zu und bremsen uns deswegen aus. Doch damit verpassen wir die Freude und das wachsende Selbstbewusstsein, das Komplimente schenken können.

Seit Anfang 2014 habe ich es daher für mich zur Aufgabe gemacht, jeden Tag mindestens ein Kompliment zu machen. Ich sage zum Beispiel:

- Wenn du lächelst, geht es mir auch gleich besser.

- Ich bin stolz auf dich.

- Wow, siehst du heute gut aus!

- Das hast du wirklich großartig gemacht. Danke!

Zu Beginn meiner Komplimente-Offensive musste ich mich dabei ziemlich überwinden. Es kam mir irgendwie komisch vor, meine positiven Beobachtungen zu verschenken. Doch nach einer Weile erkannte ich die besondere Kraft dieser Idee. Komplimente geben dem Alltäglichen einen neuen Anstrich. Sie bringen mich dazu, vor allem das Positive in den Menschen zu sehen. Sie bereiten mir und den anderen Freude und stärken das Selbstwertgefühl, auch mein eigenes.

Die Reaktionen der Beschenkten haben mich zu Beginn noch etwas überrascht. Manche Menschen reagieren zunächst verwirrt, vielleicht auch weil sie denken, dass ich etwas von ihnen will. Einem Taxifahrer in Berlin habe ich kürzlich das Kompliment gemacht, dass ich seine Ortskenntnis bewundere und es schön finde, dass er im Auto sogar Bonbons für seine Fahrgäste ausliegen hat. Seine Antwort: »Ist doch mein Job, oder?« Beim Aussteigen sagte er dann allerdings zu mir: »Na, du warst ja endlich mal wieder ein richtig netter Fahrgast.«

Andere freuen sich gleich. Ein Mitarbeiter eines Elektro-Discounters beispielsweise grinste mich fröhlich an, nachdem ich ihm sagte, ich sei selten zuvor derart kompetent informiert worden. Bei einer stark gehbehinderten Frau hingegen war ich mir zunächst nicht sicher, ob sie meine Worte nicht vielleicht in den falschen Hals bekommen würde. Ich sagte so etwas wie: »ich empfinde höchste Achtung für Ihre Kraft und die Entschlossenheit, mit der Sie anderen vormachen: Ja, es geht trotzdem!«. Zunächst schaute sie mich ziemlich verwirrt an, dann hat sie mich spontan angelächelt und mich mit einer herzlichen Umarmung beschenkt. Solche Momente vergisst man sein ganzes Leben nicht. Ich habe daraus gelernt: Solange man wirklich wahrhaft ist und das auch kommuniziert, gibt es keine besseren oder schlechteren Worte.

Think different

Auf dem Schulweg kommt ein Schüler an einem Bahntunnel vorbei. Im Tunnel ist ein LKW stecken geblieben und hat dabei das Tunnelgewölbe beschädigt. Überall stehen Schaulustige, die Männer der Feuerwehr, das Personal vom Technischen Hilfswerk und natürlich die Polizei. Und so wild sie auch gestikulieren und diskutieren, sie finden keine Lösung, wie sie den festgefahrenen LKW wieder freibekommen könnten. Der Junge hört den Gesprächen der Erwachsenen eine Weile zu, geht dann auf den Einsatzleiter der Feuerwehr zu und fragt: »Entschuldigung, man könnte doch einfach nur die Luft aus den Reifen lassen. Dann könnte der LKW rausfahren…«

Wir können im Leben (fast) alles erreichen. Wir können mit fast allen Umständen klarkommen, uns jeden Tag verändern. Der Schlüssel dazu befindet sich zwischen unseren beiden Ohren. Wenn wir ein wenig Luft aus unseren Problemen, der Verzweiflung und der Wut des Alltags lassen, macht es den Kopf frei für neues Denken. Es entscheidet über Hass oder Offenheit, Erfolg oder Niederlage, über Reichtum und Armut, über Liebe oder Einsamkeit, über Schwere oder Glück.

Wann immer du dich künftig bei einer althergebrachten Sichtweise ertappst (»Das geht nicht!«), probier doch mal, das Gegenteil zu denken. Ja, dreh deine Gedanken um exakt 180 Grad. Mach aus einem »Das geht nicht!« ein »Ich finde eine Lösung!«. Aus »Das kann ich nicht« wird »Ich werde es schaffen!«. Wenn es dir gelingt, die bisherigen Bewertungen und Denkmuster zu drehen, bist du in der Lage, neue Wege zu finden, von denen du nicht im Ansatz gedacht hättest, dass sie existieren könnten.

Alles nur in meinem Kopf

»Ich kann in 3 Sekunden die Welt erobern
Den Himmel stürmen und in mir wohnen.«

Andreas Bourani

Ich arbeitete bereits in meinen ersten Jahren als Trainer, Berater und Coach für große Unternehmen. Das lief auch ganz gut, denn schließlich hatte ich mir in der Ausbildung solides Technik-, Fach- und Methodenwissen angeeignet. Allerdings war ich während meiner Seminare häufig krank. Mal war es eine heftige Nasennebenhöhlenentzündung, mal waren es verspannte Schultern und ein steifer Nacken, mal Kopf- und Gliederschmerzen. Doch niemals hätte ich ein Seminar oder eine Beratungseinheit abgesagt. Ein Lynen sagt Termine nun mal nicht ab, schließlich kann man doch nicht wegen jedem kleinen Schnupfen einfach so daheim bleiben. Und wenn die ganze Mannschaft auf ihn wartet, dann zieht er das natürlich auch durch. Manchmal hielt ich mich eine ganze Woche lang nur mithilfe kleiner Wohltäter aus der Apotheke aufrecht.

Interessanterweise waren die Krankheiten und Unpässlichkeiten nach den Seminar- oder Beratungstagen meist sofort wieder verschwunden. Einfach weg! Ich erklärte es mir mit der Belastung, die dieser Job mit sich bringt. Ich schob es auf meinen hohen Anspruch an mich selbst. Und ich war mir sicher, dass ein gewisses Leiden nun mal zu jeder besonderen Leistung dazugehört. Diese unangenehmen Begleiterscheinungen quälten mich jahrelang, wenn auch nicht stark genug, um etwas zu ändern.

Der große AHA-Effekt wurde mir im Jahr 2004 von einer erfahrenen Supervisorin geschenkt, mit der ich mich gerne offen über das ein oder andere Thema unterhielt. Sie kommentierte meine Beschwerden nur lächelnd mit: »Naja, gesund kann das doch jeder, oder?«

Es fiel mir wie Schuppen von den Augen. Ich erkannte plötzlich, warum ich bei Seminaren oder Trainings so häufig krank war. Hätte ich diese

Tage im »Normalmodus« absolviert, wäre das handwerklich sicher völlig okay gewesen, aber eben nichts Besonderes. Erst wenn ich wie ein Hochspringer eine kritische Höhe nehmen musste, war es für mich eine würdige Leistung. Nur so meinte ich, mir das Lob der Teilnehmer auch wirklich verdient zu haben.

An jenem Tag kapierte ich, dass ich unbewusst eine negative Spannungskurve über meine Arbeit gezogen hatte. Und ich beschloss: Hey, ich darf es mir auch leichter machen. Ich darf einfach gesund sein, ich muss mir Lob und Erfolg nicht so hart verdienen. Seit diesem Tag war ich bei Seminaren gesund. Und seitdem sage ich mir vor jedem Seminartag: Das Leben ist leicht. Das Leben liebt mich. Ich liebe das Leben.

Mangelnde Vitalität

Früher war ich oft müde. Ich litt unter Atemnot, hatte kaum Energie und meine Stimmung schwankte von himmelhoch jauchzend bis zu Tode betrübt. Ich war tagsüber angespannt und konnte nachts nur selten durchschlafen. Mein von mir sehr geschätzter Heilpraktiker schenkte mir in dieser Zeit ein paar wertvolle Gedanken. Er sagte: »Mit dem menschlichen Körper verhält es sich wie mit einem Wohnhaus. So ein Haus kann sehr

alt werden. Auch unser Körper kann sehr alt werden, wenn man das Richtige isst, das Richtige denkt und sich rechtzeitig um kleine Schäden kümmert. Alles, was wir in unserem Leben erfahren, haben wir vor einiger Zeit gesät. Vielleicht vor einer Woche, vielleicht vor einem Jahr, vielleicht aber auch über eine Zeit von 30 Jahren. Unser Körper zeigt uns, welche Realität wir über lange Zeit erschaffen haben. Die Kopfschmerzen, die Hautprobleme, die Nacken- und Schulterschmerzen, die Atemnot, das Pfeifen im Ohr und die meisten anderen Krankheiten stammen ›aus eigener Produktion‹.«

Sein Vortrag hat mich und mein Verhalten verändert. Empfinde ich beispielsweise Spannung, Druck oder Enge in der Brust, im Magen oder im Nackenbereich, dann habe ich mir vielleicht sehr lange Druck gemacht oder vieles unterdrückt. Daraus kann dann eine Migräne werden oder nervöse Unruhe. Habe ich zu lange überwiegend Kohlenhydrate, Zucker, Fettiges oder Künstliches zu mir genommen, fehlt mir irgendwann die Vitalität. Denn jedes Lebensmittel enthält energetische Informationen, die mal besser und mal schlechter sind. Viele industriell hergestellte Lebensmittel sind fett, nicht mehr natürlich, schlicht ungesund. Die Lebensmittel-Konzerne lassen uns glauben, wir essen einen Joghurt mit Erdbeeren. Dabei sind die vermeintlichen Erdbeerstückchen Baumrinde aus Australien. Man möchte uns weismachen, dass Cola in der grünen Flasche gesund für uns sei. Doch die Wahrheit lautet nun mal: Sie schwächt unseren Körper mehr, als dass sie ihm guttut. Zucker ist im Übermaß konsumiert vor allem eines: Gift für den Körper. Und Süßstoffe sind auch nicht besser.

Seit über zehn Jahren ernähre ich mich nun schon deutlich gesünder. Ich kippe mir nicht mehr Dutzende Tassen Kaffee rein. Ich vermeide – auch wenn es schwerfällt – all diesen teils sehr leckeren, aber schrecklich ungesunden Industrie-Zucker-Süßstoff-Fraß. Ich verwöhne mich mit schönen Gedanken, mehr Bewegung, ausreichend Schlaf, Obst und Gemüse, mit viel Wasser, wertvollen Ölen (Omega-3-, Fisch- und Olivenölen) und Meersalz. Und ich vermeide möglichst Zucker, Weizen, Fettiges und zu viele Kohlenhydrate.

Dabei hüte ich mich wie immer vor überzogenem Dogmatismus und mache daraus keine neue Religion. Deswegen gönne ich mir an manchen Tagen auch mal die ein oder anderen »Schweinerei«. Denn kein Nahrungsmittel richtet echten Schaden im Körper an, wenn es mit Genuss und in Maßen gegessen wird.

Autosuggestion: Das Richtige denken

Unser Körper nimmt aus der Nahrung jede Menge Informationen auf und nutzt sie. Und er nimmt auch all das auf, was wir über uns selbst und das Leben denken. Wenn verzweifelte, unzufriedene oder gar hasserfüllte Gedanken zur Gewohnheit werden, legen sie sich wie Schimmelpilze über unser körperliches Dasein. Dieser Grauschleier aus Ansichten und Bewertungen senkt dann wie eine falsche Ernährung das Energie- und Motivationsniveau unseres Körpers.

Schreib doch mal ein paar deiner persönlichen Glaubenssätze auf. In welchem Verhältnis stehen bei dir negative und positive, freudvolle oder abgrenzende Gedanken? Wie oft bist du lebensbejahend und wie oft misanthropisch unterwegs? Falls negative oder abgrenzende Gedanken überwiegen: Frage dich, was auf deinen Schultern lastet? Was bringt dich seit Wochen oder Monaten an deine persönlichen Grenzen? Was bringt dich um den Schlaf? Was macht dich so sauer?

Wenn du deine negativen Gedankenkaskaden auflösen möchtest, ist Autosuggestion ein sehr wirksames Zaubertool. Autosuggestion setzt dort an, wo unser Bewusstsein endet. Sie wirkt auf einer Ebene, die uns normalerweise nicht zugänglich ist: im Unterbewussten, im Verborgenen. Unser Unbewusstes ist die wahre Machtzentrale in uns. Es ist wie der unsichtbare Teil eines Eisbergs, der unter der Wasseroberfläche liegt und nur in Ausnahmesituationen an die Oberfläche kommt. Man erahnt die Kraft des Unbewussten, wenn man weiß, dass zum Beispiel Geschäfte dreimal so viel französischen Wein verkaufen, wenn im Hintergrund französische

Musik läuft; dass uns erwiesenermaßen alles, was an Tod und Sterben erinnert, gehorsamer macht oder ein Bildschirmschoner mit Dollarzeichen bewirkt, dass Menschen stärker auf ihre eigenen Vorteile bedacht sind. Man kann durch unterbewusste Botschaften sogar die Bereitschaft der Menschen steigern, in eine Kaffeekasse einzuzahlen. Schaut ein Augenpaar als Foto von der Wand, zahlen Kollegen oder Freunde etwa doppelt so viel ein wie bei einem Landschaftsbild, denn wer sich beobachtet fühlt, handelt tendenziell moralischer. Das funktioniert übrigens auch, wenn das Bild gar nicht bewusst wahrgenommen wird.

Diese Mechanismen können wir mit Autosuggestion nutzen. Dabei setzen wir mit starken Botschaften einen Anker, der dann Stück für Stück in unser Unterbewusstes einsickert und von dort aus unser Denken und Handeln verändert. Diese Methode hat sich als so wirkungsvoll erwiesen, dass sie sogar an der renommierten Harvard Business School gelehrt wird. Auch viele Heilpraktiker, Ärzte und Psychologen wissen um Kraft der Autosuggestion und nutzen sie für Therapien. Wer sich beispielsweise in seinem Heilungsprozess regelmäßig eine aufgehende Sonne vorstellt und mit dem Satz »Mir geht es gut!« verbindet, wird erwiesenermaßen schneller gesund als ein Miesepeter.

Wie du die Kraft der Imagination im Alltag für dich anwenden kannst? Stelle dir deine Ziele und Wünsche immer wieder innerlich vor. Schaffe dir einander ergänzende kraftvolle Bilder und Sätze. Was genau möchtest du erreichen? Wohin möchtest du dich verändern? Male dir ganz konkret aus, wie deine Zukunft aussehen soll. Wenn wir die Autosuggestion nutzen, dann sehen, hören, riechen, fühlen und schmecken wir unsere Ziele schon lange, bevor wir sie erreicht haben. Je sinnlicher und konkreter dabei deine Bilder, Sätze und Projektionen sind, desto besser.

Die Kraft der Imagination

»On a dark desert highway, cool wind in my hair. Warm smell of colitas, rising up through the air.«

Ein Klassiker von den Eagles. Zum »Hotel California« führt nicht irgendein Highway, sondern ein dunkler Wüsten-Highway. Kühler Wind fährt dem Protagonisten durch die Haare. Es riecht nach Colitas, den Spitzen der Marihuana-Pflanze. Moment mal, der Mann wird doch nicht etwa Drogen nehmen …?

Mit wenigen Worten haben die Eagles ein kraftvolles Bild auf eine imaginäre Leinwand gepinselt – und unsere Fantasie und vielleicht sogar Reiselust angeregt. Wir fliegen in Gedanken dorthin und erleben die Situation mit.

Egal, ob wir uns selbst motivieren oder andere Menschen überzeugen wollen: Unser Unterbewusstsein ist formbar wie Wachs, es ist quasi ein leeres Gefäß, das gefüllt werden will. Es liegt an uns, was wir »hineinfüllen«.

Wenn du etwas erreichen willst, beschreibe deine Ziele und Wünsche sinnlich, aromatisch, emotional. Zaubere in Gedanken und Zielen mit kraftvollen Adjektiven oder Adverbien: orange, süß, seidig. Wenn dann aus einem Restaurant ein wundervolles purpurrotes Café am Meer wird, kannst du dein Ziel schon sehen, bevor du es erreichst. Neurowissenschaftler konnten in zahlreichen Studien nachweisen, welch besondere Kraft die Imagination in sich trägt. Was du dir kraftvoll und sinnlich ausmalst, zieht dich wie ein Leitstrahl in genau diese Richtung.

Mit abstrakten Zielen (»Ich werde ein Restaurant haben«) oder abstrakten Begriffen wie »Traumjob« oder »Erfolg« erreichst du dein Unterbewusstsein jedoch nicht. Erst wenn dein Herz mitfühlt, wenn deine Seele mitschwingt, wenn du dein Ziel sinnlich erfahren kannst, entsteht Resonanz. Wiederhole deine Wünsche und Ziele möglichst oft, solange du dich in der »heißen« Phase der Veränderung befindest. Wichtig: Deine Autosuggestion sollte einen echten Herzensbezug und eine Zukunftsorientierung in sich tragen. Sie sollte positiv und lebensbejahend formuliert sein.

Je öfter du deine Autosuggestion wiederholst, desto stärker kann sie im Unterbewusstsein wirken. Für Profi-Sportler ist diese Technik übrigens längst ein unabdingbarer Bestandteil ihres täglichen Trainingsprogramms. Sie stellen sich z.B. den optimalen Aufschlag beim Tennisspielen oder den perfekten Skisprung vor und begleiten ihn mit Sätzen wie: »Ich werde jetzt diesen Punkt machen!«

Es kann sein, dass diese Technik erst einmal Unwohlsein und Widerstand in dir weckt. Warum? Weil dein Unterbewusstsein Widerspruch einlegt. Lautet dein persönlicher Leitsatz für die Zukunft beispielsweise »Ich fühle mich leicht und lebendig« und in Wirklichkeit fühlst du dich gerade nicht so – dann sorgt das für Reibung und inneren Widerstand. Mein Tipp: Übergeh dieses Gefühl und versuche, bei deinem Satz zu bleiben. Sollte er auch nach einigen Tagen noch Widerstand in dir auslösen, kannst du nach einem Satz suchen, der für dich besser passt.

Einfach nur dein Ändern leben

Auch durch eine bewusst eingenommene Körperhaltung können wir einen sehr effektiven Anker schaffen, um eine Veränderung anzugehen. Du kannst alte Gedanken, Haltungen und Muster jederzeit aufbrechen, in dem du schlicht anders auftrittst.

Das Prinzip dahinter ist wieder: Alles, worauf wir uns konzentrieren, verstärkt sich. Das gilt für Ängste, Neid, Wut, Eifersucht genauso wie für Selbstbewusstsein, Empathie, Offenheit oder Erfolg. Der Psychologe und Philosoph William James hat es einmal so ausgedrückt: »Wenn du dir eine positive Eigenschaft wünschst, dann tu so, als hättest du sie bereits. Schon allein das lässt dich ganz anders wirken.«

Wie das im Alltag funktioniert? Nun, wenn du den Impuls bemerkst, dich in Gedanken persönlich abzuwerten, geh bewusst in eine selbstsichere, erhabene Körperhaltung. Und augenblicklich verändert sich auch deine innere Haltung. Du wirst nach außen kraftvoller erscheinen – und im Innen gibt es dir mehr Selbstvertrauen.

Vielleicht erscheint dir solch ein Verhalten aufgesetzt. Doch es wirkt! Du kannst es heute gleich ausprobieren. Lebe einfach sichtbar deine erwünschte Veränderung. Tu so, als wärest du rundum zufrieden mit dir. Bewege dich, als hättest du den schönsten Körper der Welt. Rede, als seiest du Multimillionär oder Multimillionärin, als könnte dich nichts verunsichern! Glaube mir, deine Umwelt wird das registrieren.

Probiere mal aus, wie es ist, mit durchgedrücktem Kreuz und erhobenem Kinn aufrecht zu stehen. Blicke zum Himmel und lächle. Du wirst merken, wie du dich sofort freier fühlst. Es gibt dir in Sekunden eine Ahnung davon, wie großartig es ist, sich zu verändern und fortan erfolgreich durch dein Leben zu gehen.

Saboteure des Glücks

Dein Denken bestimmt dein Fühlen. Mach dir ängstliche Gedanken, und du wirst ängstlich sein. Mach dir kämpferische Gedanken, und du wirst dich immer wieder bedroht fühlen. Mach dir verzweifelte und deprimierende Gedanken, und du fühlst dich zeitnah deprimiert.

Um dich anhaltend schlecht zu fühlen, gibt es bewährte Verhaltensmuster:

… zweifle an deinen Fähigkeiten

… rechne damit, dass du versagen könntest

… trau keinem über den Weg

… führe dir alle Misserfolge der Vergangenheit immer wieder vor Augen

… tu dich schwer mit dem Älterwerden

… rede regelmäßig über Krankheiten

… rege dich über das Unrecht in der Welt auf

… sage dir noch häufiger: wenn ich eine glücklichere Kindheit gehabt hätte, dann wäre alles anders gekommen

… opfere dich für andere Menschen auf

… bemühe dich, es anderen um jeden Preis recht zu machen

… lass dir vorschreiben, wie du zu leben und zu denken hast

… komm zu der Überzeugung, dass früher alles besser war

… vergleiche dich stets mit anderen

… sei neidisch und missgünstig

… verzeih anderen Menschen niemals ihre Fehler und Schwächen

… spiele das »wenn-dann-Spiel«, verschiebe deine Entscheidungen noch weiter in die Zukunft

… finde es bedeutsam, was andere über dich sagen

… gib von deinem Wissen und Wohlstand nichts ab

… arbeite und leiste immer nur so viel, dass du nicht unangenehm auffällst

Wie geht es dir beim Lesen dieser Aussagen? Mich jedenfalls ziehen sie schon beim Schreiben in die Tiefe. Kannst du dir vorstellen, wie verheerend die Wirkung in deinem Körper ist, wenn du deinen Kopf dauerhaft damit beschäftigst? Wenn du also mal dringend unglücklich sein willst, such dir einfach drei dieser Sätze aus, konzentriere dich immer wieder auf sie und du kannst dich darauf verlassen, es wird dir bald schlechter gehen …

Geben macht glücklich

Zur Lebensphilosophie der hawaiianischen Ureinwohner gehört, dass jeder von seinem Besitz an andere abgibt. »Sharing« nennen es noch heute viele traditionell orientierte Hawaiianer, und es ist für sie eine wichtige Lebenseinstellung. Dieses »Teilen« ohne konkrete Erwartung hat mich vor einigen Jahren bei einem Urlaub auf Big Island sehr beeindruckt.

Seit vielen Monaten schreibe ich deswegen bei Facebook einen kostenfreien Tages-Tipp. Viele Menschen haben mich seither gefragt: Hey, warum machst du das – jeden Tag? Wieso steckst du da so viel Herzblut rein?

Die Antwort lautet: Dieses Geben macht mich einfach glücklich. Mein Tag beginnt ganz anders, wenn ich mir morgens diesen Startpunkt setze. Wie bei einem Tagebuch reflektiere ich meine Arbeit, meine Weltsicht, meine Gedanken, meinen Weg. Über das Schreiben dieser Gedanken finde ich Ideen für meine Bücher und die Kommentare geben mir dann zusätzliche Impulse. Manchmal bringt mich erst die Kritik in den Kommentaren dazu, den eigentlichen Kern meiner Gedanken zu erfassen. Und nur wenn ich sage, was ich denke, können sich Gleichgesinnte finden. Nur wenn ich meine Gedanken aussende, empfange ich auch Feedback. Je mehr ich dabei (weg)gebe, desto mehr bekomme ich zurück. Ich nenne es das Gesetz der Resonanz.

Geben kann Großes bewirken, vor allem für dich! Wenn du all deine Reichtümer, Ideen oder Erkenntnisse für dich behältst, bist du vom Energie- und Ideenfluss der Welt abgeschnitten. Geld und Ideen wollen fließen, wie alle Energien. Du könntest also heute mal einen spannenden Versuch machen. Nimm die zwanzig, zehn und fünf Cent Stücke aus deinem Portemonnaie und schenk diese Münzen einem Bedürftigen auf der Straße. Beobachte, was mit dir und dem Beschenkten passiert. Was denkst DU? Wie verändern sich DEINE Gesichtszüge?

Jammern heißt klammern

Jede Minute, die wir mit Jammern verbringen, können wir nicht mit zukunftsorientierten Gedanken verbringen. Wir klammern uns in diesen Momenten an der Vergangenheit fest. Jammern oder zweifeln wir nur eine Stunde täglich (bei vielen Menschen ist das so), verbringen wir damit in Summe etwa ein Zehntel unseres Lebens. Wir schütten in dieser Zeit nachgewiesenermaßen Stresshormone aus. Und auf Dauer nimmt unser Gehirn dann genau diese Struktur an. Deswegen nennen Neurowissenschaftler den rechten Frontallappen unseres Gehirns auch scherzhaft den Jammerlappen. Negative Bewertungen werden genau dort abgelegt. Und da unser Gehirn an der häufiger benutzten Seite eine stärkere Vernetzung zeigt, kann man dies mit einem CT sehr gut sichtbar machen. Man kann also tatsächlich sehen, wie jemand in den vergangenen Jahren gedacht hat. Was denkst du – in welcher Gedankenwelt warst du häufiger unterwegs? In der Welt von …

Zank, Frust, Zorn, Ärger, Wut, Hass, Dickköpfigkeit, Fehde, Feindschaft, Groll, Neid, Scham, Schuld, Ohnmacht, Einsamkeit, Beschwerde, Missgunst, Eifersucht, Argwohn, Trotz, Kampf?

Oder in der Welt von …

> Spaß, Engagement, Verbundenheit, Sorglosigkeit, Bereitschaft, Dankbarkeit, Herzlichkeit, Freude, Begeisterung, Unbeschwertheit, Liebe, Leichtigkeit, Gesundheit, Kraft, Lebenswillen, Gemeinschaft, Vitalität und Wohlbefinden?

Das nackte Überleben

Die moderne Hirnforschung beschenkt uns mit noch einer weiteren bahnbrechenden Erkenntnis: Kein Hirn ist jemals »fertig« konstruiert. Es kann sich bis zum Tod verändern. Neue Verästelungen wachsen im Alter zwar langsamer, doch sie wachsen. In intensiven persönlichen Wachstums- und Veränderungsphasen sogar innerhalb weniger Wochen. So ist es unserem Denkorgan jederzeit möglich, innerhalb kurzer Zeiträume auf neue Ideen und Herausforderungen zu reagieren und neue Gedanken-Autobahnen anzulegen. Schauen wir uns dieses Wunderwerk der Informationsverarbeitung doch noch mal etwas genauer an:

Stellen wir uns vor, wir seien vor ca. 50.000 Jahren auf der Jagd. Plötzlich taucht ein riesiges Raubtier vor uns auf. Blieben wir gelassen stehen und überlegten in Ruhe, was jetzt zu tun sei, wäre das gut für das Raubtier und weniger gut für uns. Diese potenzielle Gefahr prägt bis heute unser Verhalten. Denn das menschliche Gehirn bildet unsere gesamte Entwicklungsgeschichte ab. Verhaltensforscher sprechen deswegen auch vom »katastrophischen Gehirn«. In allen Ecken und Winkeln suchen wir nach möglichen Bedrohungen. Mit diesem evolutionären Erfolgsrezept ist der Mensch sehr weit gekommen. Doch taugt die »katastrophische« Denkweise noch für unser modernes Leben?

Nicht wirklich. Der katastrophische Anteil überlagert in Stressphasen unser empathisches Gehirn, den entwicklungsgeschichtlich jüngsten Teil unseres Denkorgans. Das empathische Gehirn beschenkt uns mit dem

Bedürfnis nach Zusammengehörigkeit. Auf dieser Ebene haben das Soziale, die Gemeinschaft und die Kooperation ihre Wurzeln. Hier entwickeln sich auch Kreativität und Spiritualität.

Wenn nun unser westlich geprägtes Ego im täglichen Dauerstress gefangen ist, nutzen wir vor allem den katastrophischen Anteil unseres Hirns. Wir wollen die mögliche Bedrohung abwenden und schalten in den Überlebensmodus. Wir leben in Angst, deaktivieren dabei sozusagen im latenten Fluchtzustand unser empathisches Gehirn, obwohl wir wissen, dass das auf Dauer nicht gut für uns ist. Wir agieren ständig, als ginge es ums Überleben und denken an Flucht, Krieg, Vergeltung, Hass und Aggression. Unser Sinn für Zugehörigkeit und Kooperation wird überlagert und wir operieren im »Katastrophen-Modus«. Das erschwert ein sinnerfülltes Leben und das Erleben von Zwischenmenschlichkeit und verhindert, dass Liebe und Empathie in uns aufsteigen können.

Wer dem Leben Vertrauen entgegenbringt, hat deutlich weniger Angst vor dem Versagen. Vertrauen ist ein zentrales Element jeder Reise. Vertrauen darauf, dass der Fluss des Lebens sich nicht irrt, dass auch schlimme Erfahrungen einen Sinn haben. Das ist natürlich nicht ganz einfach, auch weil es noch nicht der Lebensstil der großen Masse ist. Meiner Überzeugung und Erfahrung nach können wir darauf vertrauen, dass da jemand ist, der uns leitet und uns in finsteren Stunden Kraft schickt und beschützt. Bei mir sind es mein Vater und mein Freund Ferdinand. Beide sind vor einigen Jahren von uns gegangen. Sie schauen mir zu in Momenten der Angst und sagen mir: »Fürchte dich nicht. Wir sind für dich da.« Jeder von uns hat solche Begleiter an seiner Seite, da bin ich mir sicher. Auch wenn wir uns dessen vielleicht nicht bewusst sind. Wir können sie ins Leben zurückholen, wenn wir nicht klammernd in die Vergangenheit zurückschauen, sondern darauf vertrauen, dass uns geliebte Menschen auf für uns unsichtbare Weise begleiten.

Kommt das alles aus dem Nichts?

Wer oder was lässt uns leben? Wer hat diese Wirklichkeit erschaffen? Was hält sie zusammen und lässt die Abermillionen Zellen und Prozesse in unserem Körper derart präzise miteinander kommunizieren? Wer ist der Schöpfer der Logik in der Physik, der Chemie, der Mathematik? Wie konnten die Ägypter ohne das heutige Wissen ihre gigantischen Pyramiden bauen? Wie kam es zu den hochkomplexen mittelalterlichen Mosaik-Strukturen im arabischen Raum, für die man heute eine aufwendige Software-Berechnung bräuchte, um sie in dieser Präzision anzufertigen? Wieso lockt die Eizelle bei der Befruchtung den Samen an, indem sie ein chemisches Signal anbietet, das den Spermien ihren Weg weist? Alles nur Zufall?

Wir können ihn, sie oder es nennen, wie wir wollen. Wir können diese Macht ablehnen, sie ignorieren oder sogar verdammen. Das macht ihm oder ihr oder dem da oben nichts aus. Diese große Kraft – viele Menschen nennen sie Gott oder Allah oder wie auch immer – durchdringt alles, von der Amöbe im Gartentümpel bis zum größten schwarzen Loch im Universum. Diese Kraft ist es, die in jeder Sekunde alles zusammenhält, die das gesamte Leben dirigiert. Wir sind Teil einer sich permanent wandelnden gigantischen Quelle von Energie, ob wir das nun wollen oder nicht. So wie bei der Sonne, unserem Garanten für das irdische Leben. Der größte Planet unseres Sonnensystems verwandelt über Kernfusion feste Stoffe in Licht. Das Licht erreicht unsere Erde und wird zu Wachstum und Leben. Und wenn dieses Leben dann wieder erlischt, gestaltet sich alles einfach um. Ein stetiger Wandel von Kraft und Energie, der nach dem Energieerhaltungssatz niemals enden wird.

Unterstellen wir mal, dass bei unserem Denken ebenso Energie entsteht und dass sie sich permanent wandelt. Wenn unsere Gedanken und Emotionen also einfach nur unterschiedliche Energien sind – welche Auswirkungen haben sie dann auf unser Leben, unseren Körper, unsere Zukunft? Und welche Auswirkungen hat das womöglich auf den Alltag? Hast du schon mal an jemanden gedacht – und in dieser Sekunde rief er an?

Ich glaube fest daran, dass diese Ebene des Energieflusses existiert. Weil eben alles Eins ist. Viele Menschen wollen das nicht (mehr) wahrhaben. Wenn wir jedoch anfangen, uns diese Fragen zu stellen und das große Ganze wahrzunehmen, dann hat alles plötzlich einen Sinn, selbst wenn wir ihn nicht begreifen. Schon mit dem Satz »Ich öffne mich dem Gedanken, dass alles in meinem Leben einen tieferen Sinn hat«, beginnt eine Phase des inneren Friedens.

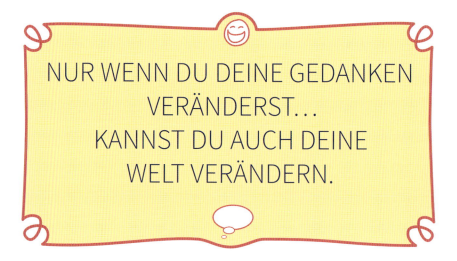

NUR WENN DU DEINE GEDANKEN VERÄNDERST… KANNST DU AUCH DEINE WELT VERÄNDERN.

Der Weg des Herzens

Als Kinder waren wir noch im Vertrauen. Die ganze Welt war ein endloser Fluss, nicht mal der Horizont hatte eine Grenze. Reisen und Begegnungen waren voller Wunder. Wenn du auch nur ein kleines Stück von der Magie des Lebens zurückerobern kannst, hätte sich jede Veränderung gelohnt.

Unsere Kindheit oder Jugend enthält oft wichtige Hinweise darauf, was uns wieder selbstbestimmt und glücklich machen kann. Als Kind habe ich zum Beispiel leidenschaftlich gerne Zirkustiere gepflegt. Diese Mischung aus freigeistigem Leben, bunter Artistenwelt und kreativem Dasein hat mich total fasziniert. Jede freie Minute habe ich nach der Schule bei den Zirkusleuten verbracht und war dort glücklich. In der Phase meiner größten beruflichen Unzufriedenheit habe ich mich auf diese leichtfüßige Zeit zurückbesonnen und mich damit aus meiner Zwangsjacke befreit. Ich habe endlich wieder die Dinge gemacht, die mich wirklich begeistern und faszinieren. Plötzlich war ich nach vielen Jahren wieder vollständig bei mir, ich vergaß beim Schreiben meiner Bücher die Zeit. Ich war im Flow. Der Flow, das ist dieser wundervolle Zustand, in dem sich die Zeit für eine Weile komplett auflöst, in der man einfach nur bei sich und seinem Tun ist.

Der Psychologie-Professor Mihaly Csikszentmihalyi hat den Flow als Erster beschrieben. Im Flow sind wir, wenn Arbeit, Raum und Zeit relativ werden. Wenn wir die Zeit stundenlang komplett vergessen. Wenn wir die Welt um uns herum ausblenden. Wir verbinden uns dann mit unserem Herzen und fließen mit den Dingen. Wir vertrauen in diesem Moment ganz unbewusst in das große Ganze, das viele Menschen Gott nennen. Wir geben uns hin.

Als Kinder sind uns diese Momente noch ganz selbstverständlich gegeben, wir kennen noch keine Zukunft und der Begriff der Vergangenheit ist uns ebenso fremd. Wir vergessen stundenlang die Zeit. Zum Leidwesen vieler Eltern, die dann Dinge sagen wie: »Jetzt mach endlich hin.« Oder: »Los, wir haben nicht ewig Zeit.« Wenn wir dann erwachsen geworden sind, glauben wir auch, keine Zeit mehr zu haben. Und weil wir glauben, keine Zeit zu haben und noch mehr Dinge besitzen wollen, erledigen wir parallel verschiedene Aufgaben. Wir agieren gleichzeitig in der Vergangenheit, im Jetzt und in der Zukunft. Wir springen mit unseren Gedanken zum morgigen Termin, nehmen parallel noch ein Paket entgegen und ärgern uns darüber, dass uns die Mobilfunkfirma eine überhöhte Rechnung geschickt hat. Und so jonglieren wir im Alltag stets mit drei Zeitebenen: Vergangenheit, Gegenwart, Zukunft.

Nach vielen Jahren des Springens zwischen diesen Zeitebenen bemerken wir nicht einmal mehr, welche permanenten Gedankenkaskaden in uns ablaufen. Menschen, die grüblerisch veranlagt sind, vergleichen ihr

Leben häufig mit der Vergangenheit. Dort haben die Sorgen ihren Anker. Sie sagen sich: »Das war immer schon so, das hat noch nie geklappt, da hatte ich eine große Krise, wenn er/sie mich nicht verlassen hätte.« Andere Menschen denken schon beim Aufstehen an die Zukunft, was häufig zu Stress führt, weil wir durch diese »Zukunftsdenke« immer zu spät kommen. Unser Kopf ist dann bei dem, was kommt, unser Körper aber im Jetzt. Wir sind damit latent zu langsam.

Die Medien leben uns diese permanente Zukunftsdenke vor. Im Verkehrsfunk sprechen die Moderatoren neuerdings von »Zeitverlust«. Diese Formulierung finde ich höchst interessant. Denn selbst im Stau können wir kaum etwas von unserer Lebenszeit verlieren. Wir werden sie allenfalls anders gestalten. Das Gefühl, keine Zeit zu haben, hat sich wie ein ansteckendes Virus verbreitet. Ich höre im Job oder in der Bahn Sätze wie: »Nein, sorry, dafür habe ich überhaupt keine Zeit! Nein, gerade geht es wirklich nicht! Nein, dann verlieren wir zu viel Zeit.«

Wenn wir das Gefühl haben, dass uns die Dinge entgleiten, nennen wir das Stress. Stress ist die Angst vor dem Kontrollverlust. Wir kämpfen und rackern uns ab, um wieder die Oberhand zu gewinnen, wir verbrauchen unsere Energie, ohne sie gleichzeitig zu erneuern. Keine Sorge, ich bin kein lebensfeindlicher Mensch. Stress gehört zum Leben dazu – wie Essen und Trinken. Temporärer Stress ist auch nicht schädlich. Doch wenn die Kerze ständig von beiden Seiten brennt, wenn wir stets keine Zeit haben, dann kommt es in unserem Nervensystem zur sogenannten Adaptionsreaktion. Bei vielen Menschen äußert sich das anfänglich noch als Müdigkeit oder Erschöpfung, irgendwann jedoch wird der Alltag zähflüssig und unerträglich. Unser Schlaf wird schlechter, Träume bleiben aus. Unruhe, Anspannung, Nervosität, Ängste und Sorgen sind häufig die Folge.

Wenn dir das alles irgendwie bekannt vorkommt, lade ich dich ein, mal wieder eine Oase der Stille zu finden – auch im Alltag. Erzeuge Momente der Langeweile. Steig aus diesem täglichen Hamsterrad aus! Geh, fahr oder flieg für eine Weile in eine andere Umgebung. Und glaub mir, das geht auch mit drei Kindern und einem anstrengenden Job. Ich weiß, wovon ich rede. Mach für eine Stunde, für einen Tag, für ein Wochenende oder sogar für eine Woche NICHTS. Geh in der Natur spazieren, setz dich an einen See und frag dich dann in aller Ruhe: Bin ich mit mir und meinem Umfeld wirklich glücklich? Gibt es Dinge, von denen ich vergessen habe, dass sie schön sind? Möchte ich etwas verändern? Und bis wann gehe ich es tatsächlich an?

Alles Gute kommt von oben
Gastkapitel von Ines Speda

Ich hatte in der IT-Beratung Karriere gemacht. Ich war sehr erfolgreich und verantwortete, leitete und koordinierte große und wichtige Projekte. Ja, ich liebte meinen Job: die Vielseitigkeit und Herausforderungen, die er mit sich brachte, die Veränderungen, die ich bewirken und all das Neue, das ich lernen konnte. Ich habe für meinen Job gelebt, alles gegeben – und mich dabei selbst vergessen …

Doch vor etwa 5 Jahren, nach einer weiteren typischen Wahnsinnswoche mit extrem vielen Arbeitsstunden, spontanen Workshops, neuen Vorgaben und »nebenbei« noch täglichen Reisen kreuz und quer durch die Republik, hat letztendlich eine sehr fordernde Mail das Fass zum Überlaufen gebracht – ich bin zusammengebrochen, habe angefangen zu weinen und konnte tagelang nicht mehr aufhören. Stillstand. Leere. Und bleierne Müdigkeit.

Ich suchte Hilfe bei meinem Hausarzt – seine Diagnose: Burnout. Laut Definition bringt ein Burnout eine körperliche, geistige und emotionale Erschöpfung sowie absolut verminderte Leistungsfähigkeit mit sich. Dazu käme bei mir noch eine mittelschwere bis schwere Depression. Scheiße, das klang verdammt ernst! Jetzt hockte ich erst einmal zu Hause rum. Ich fühlte mich echt beschissen, war total antriebslos und erschöpft und versuchte, irgendwie den Tag rumzubringen. Zu mehr reichte meine Kraft einfach nicht. In der ersten Zeit schaffte ich oft nicht viel mehr als morgens aufzustehen und den Tag auf dem Sofa zu verbringen. So fühlt sich also eine Depression an? Alles wie gelähmt und in schwarze dunkle Watte gepackt, aus der es kein Entrinnen gibt?

Aus einem Impuls in einem Therapeutengespräch heraus entstand mit der Zeit in mir das folgende Bild, das mich seitdem auf meinem langwierigen und anstrengenden, aber auch enorm lehrreichem Weg begleitet hat:

Zuerst kommt der Sommerregen

Von »oben« wurde mir als Vorwarnung wohl schon vor langer Zeit der ein oder andere kräftige Sommerregen runtergeschickt. Körperliche Warnsignale: ich war einfach ständig krank. Grippe hier, Magenschmerzen da, Schlafstörungen. Gut gemeinte Ratschläge wie »in der Ruhe liegt die Kraft«, »schalte doch mal einen Gang zurück« usw. verpufften einfach wie Regentropfen auf heißen Steinen. Nee, nee, keine Zeit! Ich muss, ich muss, die Arbeit … Sobald das Schlimmste durch war, schnappte ich mir den nächstbesten Schirm und weiter ging's, wieder raus in den Regen!

Ein Unwetter zieht auf

Rückblickend ist es für mich kein Wunder, dass die Warnungen mit der Zeit deutlicher wurden, nein, werden mussten. Nun kamen regelrechte Unwetter auf mich runter, mit Hagel, Orkan, Platzregen. Neben der stetig ansteigenden Gereiztheit und dem Gefühl der Abstumpfung und Sinnlosigkeit hatte ich auch irgendwann weder Energie noch Lust, mich mit Freunden zu treffen oder schöne Dinge zu unternehmen. Ich war einfach nur platt, innerlich leer, und wollte nur eines: meine Ruhe haben. Dennoch stülpte ich mir, sobald ich wieder laufen konnte, unbeirrt den Friesennerz über und stürzte mich wieder ins tägliche Chaos!

Ein Meteorit stürzt vom Himmel

An jenem Tag im Juli machte es dann plötzlich RUMMS! Mein Burnout krachte mir wie ein riesiger Meteorit direkt vor die Füße. Und gegen den schon erwähnten tagelangen Heulkrampf war selbst der Friesennerz machtlos… Nichts ging mehr, ich konnte einfach nicht mehr, der Weg war quasi versperrt!

Was nun? Vielleicht erst einmal ein paar Schritte zurücktreten, schauen. Was ist das überhaupt für ein Riesending, das dir da vor die Füße geknallt ist? Über welches Ausmaß sprechen wir eigentlich? Was machst du jetzt damit? Gehst du drum herum? Oder führt der Weg über den Meteoriten hinweg? Diese Fragen beschreiben für mich ganz gut die Phasen des Erkennens und Verstehens, die ich (unterstützt von der Therapie) nach und nach durchlaufen habe. Hört sich eigentlich ganz einfach an, nicht wahr? Aber das war es nicht. Das fing schon damit an, dass ich mich endlich mal mit meinen Stärken beschäftigt habe: Was kann ich eigentlich alles? Und worin bin ich sogar richtig gut? Das hatte ich bis dahin niemals getan. War etwas erreicht, kam da stets ein Haken dran, und dann ging es schnell weiter. Und ich habe mich mit der Frage beschäftigt: Was kann ich noch nicht? Was muss ich noch lernen? Und siehe da, ich musste tatsächlich erst lernen, auch mal innezuhalten und das zu würdigen, was schon längst in mir war…

Weiter ging es mit Fragen wie: Was ist mir überhaupt wichtig? Im Job? Und darüber hinaus? Wie sind meine Werte in mein Leben integriert? Wo sollte ich mal dringend nachbessern? Und: Was treibt mich an? Und warum?

Ein verdammt langer und sehr steiniger Weg, der mir sehr, sehr viel Kraft und Geduld abgefordert hat. Und so kam es »erst« nach einem guten halben Jahr zum ersten Wiedereingliederungsversuch. »Versuch«, weil es kläglich in die Binsen ging, auch wenn ich zuvor felsenfest der Überzeugung war, dass ich das jetzt endlich wieder packe. Hat aber leider so nicht funktioniert, weil ich einfach noch nicht so weit war. Dankenswerterweise hatte ich einen sehr verständnisvollen Arbeitgeber, der zu mir gestanden hat.

Der zweite Anlauf zur Wiedereingliederung, nach mittlerweile einem guten Jahr Ausfallzeit, verlief dann schon besser. Ich war klarer, stärker und viel mehr bei mir. Doch ich bemerkte, dass ich gar nicht mehr zurück in meinen Job wollte. Das war es einfach nicht mehr, ich mochte in dieser Taktung nicht mehr arbeiten. Und, ganz wichtig: Ich musste mir auch nichts mehr beweisen! Ich hatte schon lange alles erreicht, was ich in diesem Beruf erreichen wollte. Also stand jetzt die Zeit der großen Entscheidungen an. Wie soll es weitergehen? Auf der Suche nach Alternativen ließ mich der Gedanke an die Selbstständigkeit nicht mehr los – ich wollte meine eigene Chefin sein und meinen eigenen Takt bestimmen. Ich hatte schon vor längerer Zeit »nebenbei« eine Weiterbildung zur Karriereberaterin gemacht. Könnte das der richtige Ansatz sein? Ja! Und genau das habe ich getan. Nicht, dass es danach immer von alleine lief. Nicht, dass es ab hier nur aufwärts ging. Doch ich tat endlich mal wieder etwas, was ich großartig fand.

Vor gut einem Jahr haben mich die ersten Burnout-Klienten quasi ganz von alleine gefunden, und mir wurde klar: Jetzt bin ich auch endlich so weit. Ich habe den nötigen Abstand, aber bin auch eng mit dem Thema verbunden. Das merken die Leute und kommen genau deshalb zu mir. Seitdem arbeite ich also mit betroffenen Einzelklienten oder auch mit Gruppen – und zwar nicht nur vorbeugend, sondern vor allem mit Fokus auf die Rückkehr ins Berufsleben, wie auch immer das genaue Ziel und der Weg dorthin im Einzelfall aussehen mögen. Und damit bin ich jetzt auch ganz bei mir angekommen: Das bin ich, und ich bin glücklich. :)

Und so lebe und liebe ich heute endlich meinen eigenen Rhythmus und gestalte mein Leben so, wie es mir Spaß macht und vor allem guttut. Ich weiß, was ich kann (und auch was nicht!). Und was ich will. Ich bin achtsamer und liebevoller mit mir selbst und deutlich ausgeglichener, als ich es je war.

Und ich bin dankbar und froh, dass alles so gekommen ist. Denn ich bin mir sicher, wäre ich weiter mit meinem Friesennerz durch das Chaos gerannt, wäre der Meteorit irgendwann noch viel größer ausgefallen.

Also: alles Gute kommt von oben – vielleicht schaust du heute schon mal genauer hin? :)

Auch Ines Speda habe ich beim Storytelling-Projekt »Die Runde Ecke« kennen- und schätzen gelernt. Informationen zur Arbeit von Ines findest du unter *www.ines-speda.de*

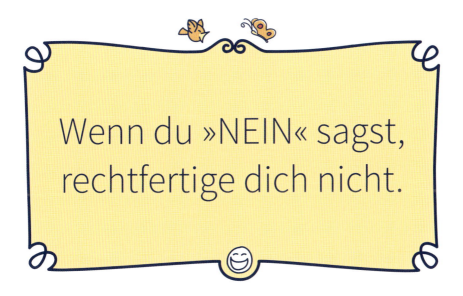

Das System ist immer stärker

Während unsere körperlichen Rhythmen wie Pulsschlag, Atemfrequenz, Heildauer oder Schlafbedürfnisse seit Jahrhunderten gleichgeblieben sind, haben sich die gesellschaftlichen Rhythmen zusehends verändert. Woran liegt das? Was hat dazu geführt, dass unsere Gesellschaft so ist, wie sie ist? Nun, vereinfacht ausgedrückt ist unsere Gesellschaft nur der Spiegel dessen, was wir als soziales System denken und leben. Ob Schulsystem, Wertesystem, Finanzsystem, Gesundheits- oder Parteiensystem – Systeme sind nur das Ergebnis und der Spiegel des Handelns ALLER Menschen in unserer Gesellschaft. Wir haben genau das Schul-, Gesundheits- oder Politiksystem, genau die Zustände in unserer Wirtschaft und in der Finanzwelt, die zum Denken der Mehrheit aller Menschen im System passen. Wir definieren soziale Anerkennung nach dem Wettbewerbsprinzip. Und deswegen ist die entgrenzte Beschleunigung zum entscheidenden Faktor geworden. Zeit ist Geld, Geld ist Anerkennung. Noch mehr Anerkennung gibt es durch noch effektivere Prozesse und mehr Geld. Die Taktung des Alltags, die Digitalisierung und ihre Auswirkungen – all das ist aus unseren Gedanken entstanden. Und es wird durch sie zusammengehalten, denn jedes System ist stärker als der Einzelne. Systeme neigen zu Normierung und vor allem zum Selbsterhalt. Hat die Mehrheit einer Gesellschaft (noch) kein Interesse an einer Veränderung, wird sich nichts tun. Da helfen selbst der größte Frust oder der besondere Einsatz Einzelner nicht weiter. Und so kann diese zeitliche Dominanz nicht durch den Widerstand des Einzelnen oder noch effektivere Prozesse gelöst werden. Sondern einzig durch kollektive Erkenntnis.

Für ein funktionierendes System ist jede Veränderung der vorherrschenden Spielregeln eine potenzielle Bedrohung des inneren Gleichgewichts. Fast immer müssen sich Systeme daher zunächst massiv verschlechtern, bevor sie in der Folge sinnvoll verändert werden können. Solange die große Masse der Menschen noch nicht an den Zuständen zweifelt und begreift, dass sie durch ihre Gedanken, Worte und Handlungen dieses System aufrecht erhält, wird sich am System nichts ändern. Wenn jedoch ein Drittel der Menschen in einer Gruppe oder im System eine Veränderung ernsthaft befürwortet, reicht dies unter bestimmten Umständen schon für eine Systemänderung aus. Das ist zunächst einmal erstaunlich, denn ein anderes Drittel geht in Veränderungsprozessen erfahrungsgemäß in die Opposition und versucht sie zu verhindern.

Doch dann kommt das dritte Drittel ins Spiel. Entscheidend ist genau jene unentschlossene Gruppe, die sich bei Veränderungen zunächst indifferent verhält, das berühmte Fähnchen im Wind. Diese Gruppe, ich nenne sie einfach mal die Unentschlossenen, kippt erfahrungsgemäß irgendwann um, wenn die Veränderungsbefürworter beharrlich bleiben. Denn den Bremsern und Bewahrern geht meist irgendwann die Puste aus. Dann kann die Veränderung tatsächlich Fahrt aufnehmen, weil sich das indifferente Drittel auf die entschlossenere Seite schlägt. Dann wird aus einem motivierten Drittel plötzlich eine Mehrheit und das System verändert sich. Am Beispiel der Wiedervereinigung Deutschlands konnte man dies sehr eindrucksvoll beobachten.

Wenn dir die Veränderung in unserer Gesellschaft daher zu lange dauert und du dir eine fairere, gerechtere, liebevollere Gesellschaft wünschst, dann empfehle ich an dieser Stelle einen Klassiker von Mahatma Ghandi: »Sei selbst die Veränderung, die du dir wünschst für diese Welt.« Erwarte nicht, dass die anderen etwas verändern, sondern verändere du etwas für dich. Und bedenke, dass am Ende eines Zeitalters stets die Schattenseiten einer Ära besonders zum Tragen kommen. Wenn eine Phase zu Ende geht und das Gesicht der Welt sich massiv verändert, entsteht eine kollektive Verunsicherung. Wir werden durch diese Transformation gezwungen und auch befähigt, auf neue Art und Weise mit der veränderten Welt zu interagieren. Das bringt Unordnung und Unruhe mit sich, die wir allerdings durchbrechen können – wenn wir es denn wollen.

Der wichtigste Mensch im Leben

»Wenn jeder ausreichend an sich selbst denkt, dann ist an alle gedacht.« Ein ketzerischer Spruch, ich weiß. Er soll kein Plädoyer für eine unbarmherzige Ego-Gesellschaft sein. In der möchte ich ganz bestimmt nicht leben. Doch wenn jeder über ein ausreichendes Maß an Selbstliebe verfügen würde, wäre unser Zusammenleben einfacher. Selbstliebe hat nichts mit Selbstsüchtigkeit oder Egoismus zu tun. Selbstliebe ist die Basis für Zufriedenheit mit dir, für warmherzige Beziehungen zu dir und anderen Menschen. Denn während ein Egoist nur an sich selbst denkt und manchmal über Leichen geht, ist ein sich selbst liebender Mensch darum bemüht, sein Ich, seine Wünsche und Bedürfnisse mit seinem Umfeld in Einklang zu bringen.

Viele von uns haben das Gefühl, Selbstliebe sei völlig überflüssig, weil diese Welt doch angeblich so voller Hass und Konkurrenzkampf ist. Alle sind in Eile. Alle wollen dringend ihre Schäfchen ins Trockene bringen. Man müsse doch schließlich überleben. Für die Selbstliebe sei da gar keine Zeit. Und dann höre ich Sätze wie: »Von Selbstliebe kann ich mich doch nicht ernähren.« Doch ich finde: Wer mit sich im Reinen ist, muss anderen keine Liebe, Bestätigung und Anerkennung mehr abringen.

Erwartungen wie »Meine Frau soll endlich mal aufräumen.« oder »Mein Chef soll mich endlich mal loben.« oder »Meine Frau sollte mich mehr lieben.« wären dann überflüssig. Dann musst du anderen nichts mehr abverlangen, sondern es geht um deinen persönlichen Erkenntnisprozess.

Erwartungen an andere Menschen zeigen, dass du lieber die anderen ändern möchtest als dich selbst. In diesen Momenten erfährst du genau jene Grenzen, die deiner Veränderung im Weg stehen und die du nur dann sprengen kannst, wenn du bereit bist, zu erfahren, was DU willst. Erst wenn du dich und deine Bedürfnisse in den Mittelpunkt deiner Aufmerksamkeit stellst, kannst du dich verändern.

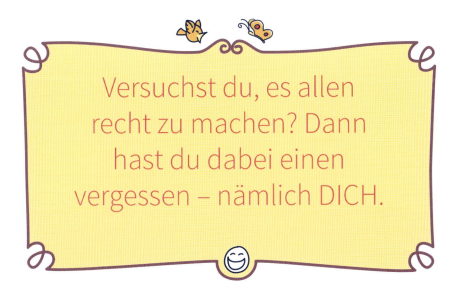

Wenn du mehr über deine Bedürfnisse erfahren möchtest, können die folgenden Fragen eine wertvolle Hilfestellung sein:

- Wie sehr bin ich mit mir selbst im Einklang?
- Empfinde ich aufrichtige Liebe für mich?
- Lebe ich wahrhaft oder verbiege ich mich?
- Welches Verhältnis habe ich zu meinem Körper?
- Wie sehr wertschätze ich mich als Mann oder Frau?

Man kann es nicht allen recht machen

Viele von uns neigen auch dazu, die Bedürfnisse anderer Menschen wichtiger zu nehmen als sich selbst. Sie bekommen einen Anruf – und kümmern sich darum. Jemand erzählt ihnen von einem Problem – und sie denken tagelang darüber nach, wie es lösbar wäre. Wir sind in Gedanken nur bei den Kindern, ihrem Partner, dem Golfclub, der Firma, dem Verein oder ihren Patienten. Fast die gesamte Zeit verbringen wir so. Wir übernehmen »mal eben« eine Aufgabe, auf die wir eigentlich keine Lust haben. Wir gehen auf Wünsche des Partners/der Partnerin ein, obwohl wir dabei innerlich schimpfen. Wir verleihen Geld und machen uns vor, wir würden es wieder zurückbekommen, obwohl die Erfahrung dagegen spricht. In diesen Momenten verbiegen wir uns »um des lieben inneren Friedens willen«. Doch auf Dauer hat das einen hohen Preis.

Woher kommt dieser innere Drang? Warum meinen wir, helfen zu MÜSSEN? Vielfach sagen wir nicht Nein, weil wir fürchten, als Reaktion darauf Ablehnung zu erfahren. Wir fürchten, dass unser Gegenüber uns dann nicht mehr mag, beleidigt ist oder uns verlässt. Die Ursprünge dieser Ängste liegen häufig in der Kindheit. Damals waren wir von unserer Umwelt abhängig. Ablehnung und Liebesentzug erschienen uns existenziell gefährlich. Und so haben wir gelernt, es anderen Menschen erst einmal recht zu machen, und sind in der Regel dabei geblieben. Doch dieses Verhalten macht uns manipulier- und erpressbar.

Gehörst du auch zu diesen ständig hilfsbereiten Menschen? Dann kannst du dich fragen: Macht mich all mein Helfen und mein Für-andere-Dasein-wollen wirklich glücklich? Wie fühlt es sich in MIR an? Tut mir das wirklich gut? Und wenn die ehrliche Antwort eher Nein lautet, ist es sinnvoll, einmal innezuhalten und sich eine der hilfreichsten Fragen des Lebens zu stellen: Was mache ich hier eigentlich? Bleibt eigentlich noch ausreichend Zeit für mich und meine Entwicklung?

Wir können uns jeden Tag auf ein Neues entscheiden: Lebe ich für mich oder für andere Menschen? Habe ich den Mut, Nein zu sagen, wenn mich jemand um Hilfe bittet? Ein Nein muss keine Entscheidung gegen den anderen sein. Auch wenn andere es vielleicht so empfinden oder versuchen, es so darzustellen. Ein Nein kann vor allem ein Akt der Selbstliebe sein.

Die Angst vor dem Nein-sagen ist meistens die Furcht davor, in aller Konsequenz das eigene Leben zu leben und sich dem Vertrauen in die eigene Zukunft zu öffnen.

Die anderen lassen, wie sie sind

Eine Art, wie wir meinen, anderen »helfen« zu können, ist, dass wir versuchen, sie zu »besseren« Menschen zu machen. Was denkst du zum Beispiel über deine bessere Hälfte? (Falls du gerade nicht in einer Beziehung sein solltest: Stell dir in Gedanken den Menschen aus deiner letzten Beziehung vor.) Welche Gedanken kommen dir dabei in den Sinn? Welche Gefühle steigen in dir auf? Sollte er/sie …

- dich mehr lieben oder mehr unterstützen?

- sich endlich gesünder ernähren

- doch bitte ausgeglichener sein

- den Hochzeitstag nicht mehr vergessen?

- seine/ihre Verpflichtungen erfüllen?

- endlich mal ein Geschenk mit nach Hause bringen?

- mehr Zeit für dich haben?

- diese oder jenes endlich mal verstehen?

- dir mehr zuhören?

Wir knüpfen unsere Akzeptanz, Liebe und Wertschätzung für andere Menschen häufig an ganz konkrete Bedingungen. Wir glauben in diesen Momenten, dass unser Glück davon abhängt, ob sich jemand unseren Absichten, Plänen oder Wünschen entsprechend verhält oder ändert. Was zunächst mal ein schlüssiger Gedanke zu sein scheint. Doch beim Gegenüber kommt oft an: »So wie du jetzt bist, bist du leider nicht okay für mich. Ändere dich und dein Verhalten, sonst muss ich mich irgendwann abwenden.« In solchen Momenten fühlt sich der andere leicht in seine Kindheit versetzt, wo er/sie ähnliche Forderungen von den Eltern gehört hat. Wenn die Erinnerung daran ausgelöst wird, wehrt sich das kleine Kind in uns und reagiert je nach Temperament und Prägung bockig, trotzig, wütend, traurig oder arrogant. Und der Erwachsene agiert das dann aus, indem er/sie sauer wird oder sich zurückzieht und sagt: »Lass mich doch einfach in Ruhe.«

Die Erwartung, eine Beziehung zwischen zwei Menschen müsse möglichst harmonisch und reibungsfrei verlaufen, wird immer wieder zu Enttäuschungen führen. Ebenso die Erwartung, dass jemand sich uns zuliebe ändern sollte. Erwartungen und Forderungen an unsere Partner und Mitmenschen sind menschlich, doch wir sollten sie nicht mit Zuneigung oder gar Liebe verwechseln. Unzufriedenheit im Job oder in der Partnerschaft, Missmut, Ärger, die tägliche Frustration – all das hat meist weniger mit dem anderen zu tun als mit uns selbst. Die Erkenntnis, dass andere Menschen nur eine Projektionsfläche für unsere eigene Unzufriedenheit darstellen, ist ein wichtiger Schlüssel zu mehr Leichtigkeit.

Wenn du also deinen Partner liebst und dir zufriedene Mitmenschen wünschst, dann werde zu einem Menschen, der mit sich selbst im Reinen ist. Versuche selbst so zu sein, wie du es dir vom anderen wünschst: Ein Mensch, der Freude an und mit sich hat. Jemand, der gut für sich selbst und damit auch für andere sorgt. Nimm deinen Partner so an, wie er/sie eben jetzt ist. In Zukunft ist er sicher weiser als heute, aber eben erst in der Zukunft. Toleranz gegenüber unseren Partnern ist die Fähigkeit, die Andersartigkeit eines Menschen anzunehmen. Ja, sie sogar gutzuheißen. Ja, sie sogar zu lieben. Das fällt sicher nicht immer leicht. Doch wenn dir es gelingt, macht es dich reifer, weiser und autarker als je zuvor. In einer guten Partnerschaft können beide Individuen bleiben und wie zwei Meere ineinander fließen, ohne sich ineinander aufzulösen.

Die Liebe – ein komplexes Phänomen

Die Liebe schenkt uns Kraft und Hoffnung, und manchmal treibt sie uns in die Verzweiflung. Wir können sie als Elixier oder als Katastrophe betrachten. Ein Mensch, der uns lange umgibt, der mit unserer Persönlichkeit und unserem Leben verwoben ist, wirkt nach einer Weile, als gehöre er zu uns. Wenn wir uns mit ihm identifizieren, dann haben wir vielleicht sogar das Gefühl, er oder sie gehöre uns. Und es wächst die Einstellung: Das ist meine(r)! Euch anderen gehört er/sie nicht!

Wir benutzen auf diese Weise einen anderen Menschen, um die eigene Identität zu stärken. Der Besitzanspruch, den wir erheben, definiert uns. Wir denken dann: Ich bin auch diese Frau, dieser Mann. Wir werten uns über den Partner auf. Das tut uns zunächst einmal gut, denn über den anderen bemerken wir, dass wir da sind. Nichts erscheint uns schlimmer als die Angst, nicht zu existieren, als Individuum keine Bedeutung zu haben. Diese Existenzangst ist bei uns allen mehr oder weniger stark ausgeprägt. Wir gehen nur sehr unterschiedlich damit um.

Wenn wir uns über den Partner definieren, ihn/sie womöglich sogar als unseren Besitz betrachten, laufen wir stets auch Gefahr, über das Verlassenwerden in eine tiefe Krise zu stürzen. Denn wenn sich unser »Eigentum« plötzlich von uns löst, reagieren wir meistens wütend oder traurig oder verwirrt. Wir gönnen es anderen Menschen nicht, das haben zu können, was bisher »von uns« war. Eifersüchtig verteidigen wir unseren Besitzanspruch. Und so bleibt am Ende einer Beziehung oft eine große innere Leere übrig, die innere Sicherheit geht uns ein Stück weit verloren. Doppelt schlimm, denn wir wollten den Menschen ja nicht zuletzt deswegen »besitzen«, damit er uns mehr Sicherheit gibt.

Problematisch wird eine Beziehung auch dann, wenn wir dem anderen Menschen die Verantwortung für unser Wohlbefinden oder die Geborgenheit zuschieben. Ganz nach dem Motto: Du musst dafür sorgen, dass ich mich wohlfühle. In diesem Moment gebrauchen wir unseren Partner. Und manchmal missbrauchen wir dann sogar unsere Beziehung.

Wahre Treue nach einer Trennung bedeutet, sich auf sein Leben neu ein-zulassen und die Veränderung als Aufforderung zu betrachten, die Bezie-hung auf anderer Ebene weiter zu gestalten. Und wenn wir den Verlust nach einer Zeit verarbeitet haben, was natürlich immer eine Weile dau-ert, dann können wir uns neu erfinden und auch der gescheiterten Bezie-hung einen neuen und reifen Rahmen geben. Das wäre dann Treue ge-genüber uns selbst.

Warum verlieben wir uns immer wieder in die »Falschen«?

Ist dir schon mal aufgefallen, dass sich Menschen immer wieder in ähn-liche Charaktere und Typen verlieben? Warum ist das so? Manche be-haupten, Männer würden ihre Partnerinnen nach Gesundheit und gutem Erbgut auswählen, während Frauen nach einem verlässlichen Versorger für ihre Kinder suchen. Es gibt Studien, die darauf hinweisen, dass bei der Partnerwahl die Unterschiedlichkeit des Geruchs und des Immunsys-tems eine zentrale Rolle spielen könnte. Andere Untersuchungen kom-men zu dem Ergebnis, dass wir unsere Partner nach optischen Entspre-chungen auswählen. Ein weites Feld der Hypothesen und Theorien also.

Ich persönlich bin absolut sicher, dass wir einen Partner vor allem aus-wählen, weil er wie ein perfekt geformter Schlüssel in das Schloss un-serer Verhaltensmuster passt. Dass wir nach Partnern suchen, die un-sere ursprünglichen Erfahrungen umkehren oder wiederholen. Wenn wir uns selbst ablehnen, suchen wir uns jemandenem, der uns ablehnt. Wer mit der Opferrolle vertraut ist, hält Ausschau nach jemand, der eher nimmt, und wer als Energievampir durchs Leben segelt, schnappt sich jemand, der eher gibt. Wer einen verheirateten Partner wählt, hat mög-licherweise Angst vor einer Bindung oder Angst vor einer erneuten Ent-täuschung. Wer unverbindlich agierende Partner vorzieht, hat vielleicht gelernt, Liebe mit Unsicherheit und ständiger Angst vor dem Verlassen-werden zu verknüpfen. Wer ältere Partner auswählt, ist vielleicht auf der

Suche nach der Geborgenheit und Sicherheit, die man bei Vater oder Mutter empfunden hat. Wer bei einem Alkoholiker oder einer Alkoholikerin bleibt, versucht vielleicht, ihn/sie zu retten oder meint, es nicht besser verdient zu haben.

Lange Zeit habe ich mich gefragt: Kann man diesen Schloss- & Schlüssel-Mechanismus überhaupt umgehen und dadurch alte Beziehungsmuster vermeiden? Mittlerweile bin ich davon überzeugt, dass es tatsächlich geht. Es erfordert aber – wie jede Verhaltensänderung – eine gewisse Entschlossenheit und Anstrengung. Der erste Schritt besteht darin, dass wir uns die eigene »Partner-Biografie« ansehen:

- Welche Partner habe ich bisher gewählt?

- Welche Erfahrungen habe ich mit ihnen gemacht?

- Welche Merkmale, Wertvorstellungen, Ziele, Eigenschaften, Fähigkeiten und Verhaltensweisen hatten sie?

- Was hat mir bei ihnen den »Kick« gegeben?

- Wie könnten meine neuen Auswahlkriterien aussehen?

- Welchen Partner brauche ich, um wirklich Liebe zu empfinden?

Eine wirklich funktionierende Partnerschaft konnte ich erst finden, als ich mich konsequent von meinem früheren Beuteschema abwandte. Ich fand meine heutige Frau zunächst zwar sehr interessant und attraktiv, aber ich reagierte nicht so abhängig auf sie wie auf jene Frauen, mit denen die Beziehung stets im völligen Chaos endete.

Du könntest also einfach mal mit deinen Auswahlkriterien experimentieren. Ändere dein Beuteschema. Klingt vielleicht bizarr, funktioniert aber. Du könntest dich zum Beispiel mit potenziellen Partnern treffen, die dich nicht gleich in helle Ekstase versetzen. Menschen, die du im ersten Moment sogar etwas langweilig findest (vielleicht ist das stille Wasser ja tief …). Das bewahrt dich auf jeden Fall davor, wieder auf alte Muster anzuspringen und dem immer gleichen Magnetismus auf ein Neues zu erliegen. Auf diese Weise könntest du ein wenig experimentieren und vielleicht sogar zu interessanten Erkenntnissen und Veränderungen finden.

Wundervolle Lehrer

Wer auch immer in dein Leben tritt und dich zu einer unangenehmen emotionalen Reaktion bringt, ist ein wundervoller Lehrer. All diese Menschen werden dir sozusagen geschenkt, damit du etwas von ihnen lernen kannst. Du kannst es nämlich auch so betrachten: Wer dich herausfordert, ablehnt oder kritisiert, gibt dir die Chance, reflektierter zu werden. Wenn du die Chance darin erkennst. Resonanz in dir entsteht nur dann, wenn ein Anteil vorhanden ist, der zum Schwingen gebracht wird. Ohne diesen eigenen Anteil in dir würde dich diese Art des anderen, dieser Konflikt oder dieses Ereignis nicht derartig berühren.

Wir alle erleben Konflikte, wir alle wurden verletzt. Gescheiterte Beziehungen, Beleidigungen, üble Nachrede oder Ungerechtigkeiten haben sich wie ein Dorn in unser Fleisch gebohrt. Dort sitzt der Fremdkörper manchmal über Jahre, zieht, drückt und entzündet sich womöglich. Kümmern wir uns nicht darum, arbeitet es in uns weiter und erzeugt einen dauerhaften Schmerz. Wir haben dann zwei Möglichkeiten: Wir können uns für das Weiterkämpfen entscheiden oder für den Frieden mit uns selbst. Wir können lernen, zu verstehen, dass der, der uns verletzt hat, vielleicht vollkommen unbewusst gehandelt hat. So wie auch wir oft unbewusst andere Menschen verletzen oder verärgern. Jeder von uns macht seine Sache eben so gut, wie er kann. Ein Jahr später ist er weiter, zwei Jahre später vielleicht noch mehr. Mit dieser Erkenntnis können wir uns über den auf alten, archaischen Kampfimpulsen beruhenden Vergeltungsdrang unseres Egos hinwegsetzen.

Vergebung ist die große Chance, seine eigenen Verletzungen und Entzündungen zu heilen, sich wieder die Liebe zu schenken, derer man sich selber entzogen hat. Denn ohne Verzeihen, Liebe, Achtung und Wertschätzung bleibt unser Draht zur Welt stumm. Nur wer eine warmherzige Resonanz zu sich und seinen Mitmenschen erhält, fühlt sich von seiner Umgebung getragen und aufgehoben.

Viele Menschen haben im Laufe ihres Lebens so viele Verletzungen erlitten und den Schmerz darüber so tief in sich hinein gefressen, dass es ihnen schwerfällt, die Notwendigkeit des Vergebens überhaupt zu erkennen.

Die Fähigkeit, die Vergangenheit loszulassen und den Menschen in seinem Umfeld zu verzeihen, ist allerdings eine wesentliche Voraussetzung für innere Zufriedenheit und Lebensglück. Endlich Frieden zu machen, sowohl mit dem, was andere einem angetan haben, als auch mit dem, was man selbst anderen Menschen angetan hat. Weil es ohne Vergeben keinen Neuanfang geben kann.

Hass ist wie ein heißer Stein

Hass, Feindschaft und Unversöhnlichkeit sind wie ein heißer Stein, den wir in der Hand halten. Je fester wir ihn drücken, desto stärker verbrennen wir uns dabei selbst.

Beobachte mal, welch verzerrte Mimik Menschen zeigen, wenn sie über eine andere Person herziehen. Selbst die anmutigsten und schönsten Gesichter mutieren dann zu bösen Fratzen. Die Lippen werden gepresst und schmal, die Augen klein, die Stirn wirkt faltig und angespannt. Jede bissige Bemerkung wirkt auch nach innen, jeder Giftpfeil vergiftet uns auch selbst. Mit jeder negativen Äußerung verlieren wir an Charisma, Würde, Größe und Erhabenheit. Und wir verspielen die Chance auf Vertrauen und Nähe.

Mit Emotionen wie Hass, Neid oder dauerhaftem Groll erzeugen wir eine innere Reibung. Wir verletzen und blockieren uns. Der große Nelson Mandela hat uns gezeigt, wie man sich selbst und andere Menschen über das Verzeihen heilen kann und dass tiefes Verzeihen einen viel größeren Sieg bedeuten kann. Mandela war von seinen ehemaligen Gegnern beinahe 30 Jahre lang in eine winzige Gefängniszelle gesperrt worden. Er wurde verbal erniedrigt und physisch misshandelt. Doch hat er seine menschenfreundliche Haltung niemals aufgegeben. Er ging weiter mit Liebe auf die Menschen zu und entfachte damit die Liebe in ihnen.

Es macht die besondere Kraft vieler charismatischer Menschen aus, dass sie beinahe jeden Tag einen Neustart mit ihren Mitmenschen hinlegen können, weil sie keine Etiketten zuweisen, die eine Interaktion mit ihren »Widersachern« unmöglich macht. Jedes Mal, wenn sie auf die Widrigkeiten und Konflikte des Menschseins mit Güte reagieren und die Hürden und Konflikte als gegeben akzeptieren, entwickeln sie sich innerlich weiter. Sie nehmen die Dinge so an, wie sie sind. Wenn sie Menschen begegnen, deren Verhalten nicht ihren Vorstellungen, Werten oder Gefühlen entspricht, wünschen sie sich vielleicht, dass Menschen nicht so sein, reden oder handeln würden. Doch sie erkennen Unzufriedenheit, Missmut, Ärger und die tägliche Frustration immer auch als Spiegel für die eigenen Unzulänglichkeiten und als Wachstumschance.

Ein wahrhaft gütiger und weiser Mensch ist imstande, undogmatisch zu denken und zu verzeihen. Wenn du anderen Menschen verzeihst, tust du damit auch etwas sehr Wertvolles für dich: Du verbindest dich tiefer mit dir selbst, was zu mehr Ruhe, Frieden und vor allem zu neuen Perspektiven führt.

Von Urteilen, Dogmen und Bewertungen

In Thailand erzählen Eltern ihren Kindern die Geschichte eines Schülers, der sich nach vielen Jahren der Lehre an seinen Meister wandte und sagte: »Nun meditiere ich jeden Tag und folge all Euren Weisungen und Lehren. Doch die wahre Erleuchtung habe ich noch nicht erlangt. Sind denn all die Dinge, die ich von Euch gelernt habe, wirklich notwendig?« Der Meister antwortete seinem Schüler: »Viele Menschen finden in der Meditation Ruhe und Halt. Doch für die Erleuchtung sind sie nicht wirklich nötig.« Daraufhin wurde der Schüler sehr aufmerksam und fragte: »Wie kann ich denn dann Erleuchtung und inneren Frieden erlangen?« Der Meister lächelte milde und sagte: »Versuche, einen ganzen Tag lang nicht zu urteilen. Das dürfte reichen, um die vollkommene Einheit zu erfahren.«

Hast du dir schon einmal überlegt, wie oft du an einem einzigen Tag Urteile fällst und Dogmen aussprichst? Es beginnt schon bei dem Gedanken, dass es ein Gut oder Böse geben könnte. Oder ein Ganz oder Garnicht. Glaubst du, dass man nur mit Vollgas oder in völliger Entspannung leben kann? Dass ein Team nur mit absoluten Kernbeißern funktioniert? Dass Frauen die besseren Menschen sind? Oder die schlechteren Autofahrer? Glaubst du, dass du nur hier oder dort glücklich sein kannst? Oder nur mit dieser oder jener Person? Dass die aktuelle politische Situation ins Chaos führen wird und alle Flüchtlinge nur unser Geld wollen? Auch hier gibt es viele Vorurteile und enge Referenzrahmen.

Vor Klischees ist niemand gefeit. Halten wir jemanden in ein oder zwei Situationen für erfolgreich, ignorant, vertrauenswürdig oder ehrlich, dann verpassen wir ihm ein Etikett. Nach einer Weile halten wir unsere Meinung dann für die Wahrheit. Doch das von uns so gerne praktizierte Hell-dunkel-Denken geht fast immer an der Wirklichkeit vorbei.

Kein Mensch ist nur schlecht. Und kein Mensch ist nur gut. Selbst der schlimmste Verbrecher hilft vermutlich mal einem Nachbarn oder spendet wegen seines schlechten Gewissens für einen guten Zweck. Neue Wege für sich zu finden ist auch eine Frage der Bewertung. Wir können unsere Schwarz-Weiß-Denkmuster von Gut und Böse überwinden und die Paradoxien des Lebens akzeptieren. Wir können unseren Blick weiten, auch wenn nicht immer alle Menschen aufrichtig zu uns sind. Wir können Empathie leben, selbst wenn sie nicht immer erwidert wird. Wir können uns engagieren, auch wenn nicht alle Pläne von Akzeptanz, Erfolg und Reichtum gekrönt werden. Es gibt viele Möglichkeiten für jeden von uns, nach seinem Stand der Bewusstheit zu üben, nicht immer gleich alles mit Dogmen zu belegen. Wenn es gelingt, sind wir frei für neue Gedanken und ein neues Leben.

Du kannst gleich hier und heute anfangen, es mal auszuprobieren: Versuche, die Dinge mehr so anzunehmen, wie sie sind. Ja, nimm sie einfach zur Kenntnis. Vielleicht stellst du fest, dass jemand völlig anders ist als du. Das ist okay! Schließlich wäre es doch eine höchst langweilige Welt, wenn alle mit der gleichen Frisur durch die Welt laufen würden. Nimm wahr, ohne gleich zu bewerten, und du bist frei für eine neue Zukunft.

Jedem Ende wohnt ein Zauber inne

Ich habe an jedem Tag, in jeder Sekunde die Wahl zwischen:

1. Ich bleibe im Dogma, beim Alten, in der Gewohnheit, meinem Schmerz oder

2. Ich gehe einen neuen Weg. Ich zeige Interesse an Veränderung, an Dingen und Personen.

Dabei stelle ich mir stets die simple Frage: Setze ich einen Schritt in meine Zukunft, oder verlängere ich meine Vergangenheit?

Bei einer Entscheidung für die Zukunft, vereinbare mit dir selbst klar formulierte Etappenziele. Sonst geht es dir wie Millionen von Menschen mit einem teuren Fitnessstudio-Jahresabo. Sie haben sich angemeldet und gehen dann doch nie hin. Sie haben sich vorgenommen, mit dem Fahrrad zu fahren, und schaffen es nie. Unserem Verhalten liegt in diesen Momenten eine ganz gemeine Bremse zugrunde – wir formulieren nämlich zu allgemein. Der Vorsatz »Ich gehe diese Woche mal wieder ins Fitnessstudio« wird mich mit großer Wahrscheinlichkeit weniger häufig dazu bringen, die Pläne umzusetzen, als der ganz konkrete Vorsatz »Immer am Dienstag um 17 Uhr bin ich ab sofort im Fitnessstudio«.

Überlege dir genau, was du ganz konkret als Erstes anpacken willst. Was, bis wann und wie. Mit welcher Veränderung willst du heute noch anfangen? Wähle Dinge, bei denen du mit schnellen und nachhaltigen Erfolgen rechnen kannst. Das Anschieben jeder Persönlichkeitsentwicklung braucht Etappensiege, sogenannte »Quick Wins«, wie der Veränderungsexperte John P. Kotter von der Harvard Business School sie nennt. Das hält dich auf dem Weg motiviert. Etappenziele erlauben dir, auf dem langen Weg immer wieder Erfolge zu feiern.

Du kannst ab sofort deine Gegenwart von der Zukunft her denken, dir also vorstellen, wie du gerne leben möchtest. Und dann kannst du tun, was nötig ist, um dort anzukommen. Überlege dir, welche Aufgaben du angehen kannst, wozu du in der Lage bist, was du im Alltag schaffen kannst. Es kommt dabei nicht darauf an, wie schnell du gehst – solange du nicht stehen bleibst. Wenn du Veränderung als die eigentliche Aufgabe begreifst, dann holst du dir die Zukunft in die Gegenwart.

Gut, dass es dir schlecht geht

Jede Transformation braucht Zeit und Geduld. In Zeiten von Umbrüchen oder Krisen erleben wir unsere Sehnsucht nach Lebendigkeit häufig als quälend, als dumpfes Gefühl der inneren Leere. Diese Gefühle zeigen uns lediglich auf, dass etwas NOCH nicht stimmt. Das Tal der Tränen ist eben mühsam und durchaus anstrengend. Während man hindurch geht, fühlen sich manche Tage leer an. Die alten Zweifel und Ängste kommen wieder hoch. Du stellst dir vielleicht Fragen wie: Ist das der richtige Weg?

Wieso geht es nicht voran? Werde ich es schaffen? Und schließlich bin ich doch nicht ewig jung. Irgendwann werde ich sterben. Während dieser Etappen verlierst du vielleicht manchmal den Glauben – an dich selbst und an das große Ganze. Vertraue, denn der von den Scorpions besungene »Wind of Change« ist eben ein Wechselwind, der sich auch mal gegen dich wendet oder zum Erliegen kommt. Betrachte dies als Bestätigung für deinen Lern- und Entwicklungsprozess, nicht als persönliches Versagen. Wenn der Boden besonders intensiv wackelt, kannst du besonders viel lernen.

Eine lange Weile

Auf meinen Seminaren höre ich in Feedbackrunden oder Gesprächen am Rande der Veranstaltungen häufig den Satz: »Das ist ja alles total spannend. Doch vieles davon kenne ich schon …« Ich frage dann gerne mal nach: »Ja, und wendest du dein Wissen denn auch an …?«

Für die meisten Menschen wirkt nur das interessant, was für sie neu ist, was sie noch nicht zu kennen glauben. In dieser Staubsauger-Mentalität, alles in sich aufsaugen zu wollen, steckt stets auch die Gefahr, dass man sich nie tiefer mit seinen bisherigen Erkenntnissen beschäftigt. Dass man stets ruhe- und rastlos nach dem jeweils Neuen, dem noch »Besseren« sucht. Auf diese Weise sind wir in einer Rennstrecke des Wissenserwerbs gefangen. Wir drehen Runde um Runde, ohne je zur Auswertung unseres bisherigen Fahrverhaltens zu kommen.

Ähnlich ist es mit den Erkenntnissen aus diesem Buch. Der Weg aus dem Tal der Tränen führt oft durch das Tor der Langeweile. Schenk dir also im eigentlichen Wortsinn durchaus mal wieder eine lange Weile. Die Langeweile ist das Tor zur Re-Sensibilisierung unserer überreizten Sinne. Durch eine intensive Selbstwahrnehmung und eine Reduktion auf das Nichts spüren wir erst, wohin die Reise gehen könnte.

Was dir in den folgenden Tagen, Wochen und Monaten sehr helfen kann, ist das friedvolle Aufschreiben deiner Gedanken: Nimm dir gleich nach dem Aufstehen einige Minuten Zeit und halte inne. Halte alles fest, was dir in den Sinn kommt. Falls dich Zweifel quälen – schreib sie auf. Falls du grandiose Ideen hast – schreib sie auf. Du kannst zum Beispiel fünf schöne Dinge aufschreiben, die du über den Tag vermutlich erleben wirst, egal wie klein oder banal sie auch sein könnten. Das hat mir über viele zähflüssige Momente meiner Veränderungsprozesse hinweggeholfen. Da standen dann Sätze wie: Heute werde ich ein nettes Lächeln in der U-Bahn sehen, ich treffe heute meine beste Freundin und werde mit ihr den Abend genießen oder ich freue mich auf den Saunabesuch am Wochenende.

Solche Betrachtungen ließen mich bemerken, dass es in der Welt so viele schöne Sachen gibt, die direkt vor meiner Nase liegen. Dieses Denken ermöglichte mir, unliebsame Verschiebungen im Umfeld zu akzeptieren, die Sehnsucht nach Lebendigkeit zu aktivieren und die Gegenwart aus der Zukunft heraus zu denken. Es hat mir geholfen, friedvoll mit mir umzugehen, bis ich in meinem Veränderungsprozess über den Berg war und wieder aufblühte wie die Pflanzen in der Wüste nach dem großen Regen.

Turbulenzen auf dem Weg

Wenn es in meinem Leben um große Veränderungen ging, habe ich von Kollegen, Freunden und Bekannten oft gut gemeinte, aber letztlich entmutigende Ratschläge erhalten, wie zum Beispiel: »Aber du kannst doch nicht einfach …« oder »Du bist doch völlig verrückt geworden …«. Doch mein Umfeld kannte natürlich nur den Menschen, der ich bis dahin war. Ihre Ansichten über mich waren durch meinen bisherigen Zustand geprägt. Und selbst enge Freunde konnten sich oft nur schwer vorstellen, wohin mein Weg führen würde. Mein guter Rat an dich lautet daher: Sei dir auf dem Weg der Veränderung darüber im Klaren:

- Du bist allein. Es ist nur dein Weg. Nur du kannst ihn gehen. Wenn du deine Erfahrungen auf deinem Weg mit anderen Menschen teilen kannst, ist das großes Glück.

- Sei geduldig. Im Tal der Tränen ist der Verstand erst einmal nutzlos. Zu verwirrend sind all die Eindrücke und Ereignisse, als dass dir die Bewertungen und Erfahrungen der Vergangenheit helfen könnten.

- Sag dir stets: Ich bin mittendrin. Ich bin im Jetzt. Die radikale Akzeptanz dessen, was gerade ist, führt zu Vertrauen in die Gegenwart. Erkenne, dass dein Gestern keine Relevanz mehr hat. Du kannst schmerzhaft dagegen ankämpfen oder dich dem Neuen hingeben.

- Hör auf dein Herz: Wovon träumst du? Der Blick auf das Neue verbindet uns mit der Zukunft. Nur sie kann unsere eigene Lebenskraft erneuern. Nur über deine Träume und Wünsche kannst du erfahren, was zu tun ist. Es mögen verrückte Dinge sein, unglaubliche Ideen – wenn dein Herz dich leitet, setze sie um.

- Veränderung bedeutet, dass etwas Altes verschwinden muss, damit etwas Neues entstehen kann. Manchmal macht das Angst. Das ist normal.

Dein Leben wird sich in entscheidenden Veränderungsprozessen manchmal anfühlen wie am seidenen Faden. Du glaubst vielleicht, dass es nichts mehr gibt, auf das du dich verlassen könntest. Vertraue darauf: Es gibt NICHTS, was nicht einem höheren Sinn oder Zweck dient. Du kannst auf dem Weg nichts falsch machen. Alles ist mit allem verbunden, ein ständiger Austausch von Energie. Wenn dich auf deiner Reise der Veränderung Zweifel überkommen: Vertraue darauf, dass sich die entscheidenden Punkte im Leben später zusammenfügen. Sie führen dich zu Menschen, Orten und Erfahrungen, die du kennenlernen musst, damit du andere Menschen und Orte kennenlernst.

Gedanken von Meryl Streep

»Ich habe keine Geduld mehr für bestimmte Dinge.
Nicht weil ich arrogant geworden bin, sondern einfach nur, weil ich einen Punkt in meinem Leben erreicht habe, an dem ich keine Zeit mehr mit dem verschwenden will, was mir missfällt oder mir wehtut.

Ich habe keine Geduld mehr für Zynismus, für übertriebene Kritik und Forderungen jeder Art.

Ich habe den Willen verloren, denen zu gefallen, die mich nicht mögen, die zu lieben, die mich nicht lieben und die anzulächeln, die mich nicht anlachen wollen.

Ich verschwende keine einzige Minute mehr an die, die lügen und manipulieren. Ich habe mich entschlossen, nicht mehr mit Verstellung, Heuchelei, Unehrlichkeit und billigem Lob zu koexistieren.

Ich toleriere weder selektive Gelehrsamkeit noch akademische Arroganz.

Ich werde mich auch nie an den so beliebten Klatsch gewöhnen.

Ich hasse Konflikte und Vergleiche.

Ich glaube an eine Welt der Gegensätze und darum vermeide ich Menschen mit starren und unflexiblen Persönlichkeiten.

In Freundschaften ist mir Loyalität wichtig. Ich komme nicht klar mit solchen, die keine Komplimente oder ein Wort der Ermutigung geben können.

Übertreibungen langweilen mich und ich habe Schwierigkeiten, Menschen zu akzeptieren, die keine Tiere mögen.

Und obendrein habe ich keine Geduld für alle, die meine Geduld nicht verdienen.«

Wenn die Masse nach rechts läuft, dann solltest du besser nach links laufen.

Rituale der Herde

Übergänge sind eine große Herausforderung. Wir verlassen für eine Weile die Sicherheit der vertrauten Umgebung, setzen uns der Kritik unserer Mitmenschen aus. Nur sehr wenige sind mutig und konsequent genug, dies für eine Weile auszuhalten. Denn ohne Herde fühlt man sich manchmal einsam. Erkenne, dass du auch in der Angst vor Einsamkeit nicht alleine bist. Es werden tolle neue Menschen in dein Leben kommen, die deinen Weg verstehen. Diese Menschen zu finden ist eine der schönsten Aufgaben in jedem Veränderungsprozess. Von nun an wächst der Boden, auf den wir unsere Füße setzen können. Wir machen Schritte ins Ungewisse. Die Zukunft, die auf uns wartet, steht noch nicht fest, doch die neuen Erfahrungen werden uns für den Mut belohnen.

Der beste Weg dabei ist immer pure Authentizität. Nur so ziehst du genau jene Leute an, die wirklich zu dir passen – und signalisierst dem Rest, dass du anders »schwingst« als sie. Sobald du dich nach den Vorstellungen anderer ausrichtest, verlierst du deine innere Kraft und damit auch einen Teil deiner Identität und Persönlichkeit. Nur mit innerer und äußerer Klarheit wird es dir gelingen, deinem eigenen Wesen und Weg treu zu bleiben und dich nicht von anderen manipulieren, ablenken oder kontrollieren zu lassen. Nur wenn du wahrhaft sagst, was du denkst und fühlst, erkennen sich Menschen in dir wieder. Nur wenn du deine Ecken und Kanten sichtbar machst, werden andere Menschen sich darin spiegeln können. Nur wenn du anderen Menschen nicht ständig ein anderes Ich vorspielst, ziehst du die Menschen an, die deine Ideen zu schätzen wissen.

Folgende Tipps können dir helfen, deine wahren Stärken und Selbstvertrauen zu entwickeln:

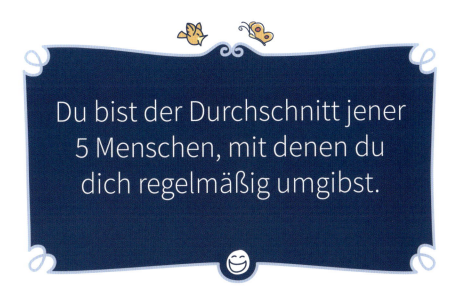

- Verbiege dich nicht. Bleibe dir treu.
- Finde deinen Weg, nicht den Weg deiner Mitmenschen.
- Sei dir bewusst, dass du jederzeit die Möglichkeit hast, alles zu ändern.
- Niemand trägt Verantwortung für dein Leben – nur du selbst.

Alle um mich herum fürchten sich vor dem Verlust des Gewohnten, leben weiter ihre Rituale und entscheiden sich für die Rolle des Verdrängers, Untergehers, Jammerers oder Opfers – während ich aufrecht und klar in meine Zukunft gehe.

Happy End

Dieses Buch hat mit sehr persönlichen Gedanken begonnen, und so soll es auch enden. Ein Buch zu schreiben ist immer eine Entdeckungsreise, ein Prozess der Selbstklärung, der von tollen Begegnungen und Eindrücken geprägt wird. Es sind vor allem die Menschen, die man auf dieser Reise trifft, die diese Schaffensphase so wertvoll machen. Sie haben mir mit ihren Geschichten ihr Wissen und ihre Weisheit geschenkt, mich an ihren Lebensgeschichten, Einfällen und Ideen teilhaben lassen. Danke dafür. Und so möchte ich euch hiermit fest in meine Arme schließen. Das sind zum Beispiel:

Mein großartiger Verleger Konrad Halbig. Außerdem der wundervolle Reiner Bergmann, der einzigartige Tim Baas, die mutige Hanna Frey, die freundvolle Ines Speda, der fantastisch singende Elektroingenieur Sebastian Niklaus. Meine großartige Frau, die mich in den Veränderungsphasen meines Lebens so sanftmütig ertragen hat; meine Kinder und Lehrer, meine Schwestern Karola und Marion. Außerdem Matthias Pflugradt, Ralph Günther und Patrick Neumann, meine Kollegen aus dem Team der »Runden Ecke«. Ein großartiges Projekt, in dem Menschen wie du und ich von besonderen Geschichten aus ihrem Leben berichten. Ja, und natürlich grüße ich meine großartige Mama – und weiter oben meinen Papa und einen der feinsten Menschen, die ich je getroffen habe: Ferdinand Keller. Ich hoffe, dass ihr mich dort auch hören könnt.

Falls ich jemanden vergessen haben sollte, seht es mir bitte nach. Dieser Gruß ist für euch!

NIMM DIR, WAS DU BRAUCHEN KANNST!

Mut · Offenheit · Vertrauen · Stärke · Intuition · Zuversicht · Vergebung · Heilung · Geduld

Der Autor

Patrick Lynen, 1967 in Würselen bei Aachen geboren, gilt als ein Meister des Wandels, der mit Brüchen und Wechseln bestens vertraut ist. Er ist ein Charakterkopf, der sich nicht verbiegen lässt, und als Künstler und Mensch seinen Prinzipien treu bleibt. Seine Bücher treffen ins Schwarze und beschäftigen die Menschen weit über das Lesen hinaus.

Ob als Zeitungsausträger, Aushilfe bei McDonald's, Werbesprecher für große Marken wie Coca-Cola oder Opel, Radiomoderator bei SWR3, Mitarbeiter bei der Harald-Schmidt-Show, Redenschreiber, Getränkeproduzent, Vermieter für Eifeltraum-Ferienhäuser, Coach für Führungskräfte, »Architekt« der »Runden Ecke« im WDR oder als Referent für die renommierte ARD.ZDF Medienakademie – Lynen erfindet sich regelmäßig und leidenschaftlich neu.

Mit seiner Frau Alexandra ist er seit 15 Jahren verheiratet und lebt mit ihr, den drei Söhnen und den Hunden Ella und Lotte vor den Toren Kölns.

Das Patrick Lynen-Prinzip

Im Berufsalltag nehmen Tempo und Entscheidungsdruck rapide zu. Unter diesen Bedingungen funktionieren wir so lange es eben geht – mechanisch, gestresst und fremdbestimmt. Mit smartem Handeln, Achtsamkeit und Gelassenheit halten wir den Schlüssel zur Veränderung in den Händen.

In seinen Vorträgen und Seminaren begeistert der dreifache Familienvater mit Wissen, Entertainment und Humor.

Patrick Lynen sieht sich als jemand

… der Veränderung vorlebt

… der seine Erfahrungen weitergeben möchte

… der ein neues Bewusstsein initiiert.

Alles über Patrick Lynen erfährst du hier:

www.patricklynen.de

How to get Gelassenheit

Broschur, 192 Seiten € [D] 14,95
ISBN 978-3-86728-272-7

Du bist auf der Suche nach neuen Lösungswegen, möchtest dich verändern und Hindernisse wie Ängste, Aufregungen und Abhängigkeiten beiseite räumen?

Auch mit dem ersten Buch aus dieser Reihe, »how to get Gelassenheit«, gewinnst du neue Kraft, den Augenblick zu leben, hier und jetzt. Und all die Dinge umzusetzen, die du in deinem tiefsten Herzen immer schon gewollt hast. Das alles wissenschaftlich fundiert und ohne erhobenen Zeigefinger. Keine Schuldzuweisungen, keine Defizitdiskussionen, sondern kleine und große Erfahrungen, die Halt und Richtung geben. WUNDERvolle Denkanstöße für einen liebevollen und gelassenen Umgang mit dir selbst, mit denen du die Lust am Leben und Arbeiten immer wieder neu entdecken kannst.

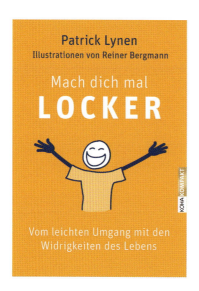

Mach dich mal Locker

Vom leichten Umgang mit den Widrigkeiten des Lebens
€ [D] 7,99 / € [A] 8,20
ISBN 978-3-86728-283-3

Handy verloren, Ärger mit den Kollegen, Streit mit dem Nachwuchs?

Das Leben meint es nicht immer gut mit uns, manchmal kann es richtig fies sein. Dann wird man hektisch, grollend oder wütend. Keine angenehmen Gefühle – und ungesund sind sie auch.

Mach dich mal locker! Was wie eine große Herausforderung klingt, ist in Wahrheit gar nicht so schwer. Patrick Lynen zeigt dir 33 ganz konkrete Strategien auf, wie du die ständigen Herausforderungen des Lebens mit mehr Leichtigkeit meistern kannst.

Humorvolle und wissenschaftlich fundierte Denkanstöße für einen entspannten Umgang mit dir selbst und deinen Mitmenschen.

Die App

Dir gefällt dieses Buch? Dann nutze meine kraftvollen Gedanken doch auch auf deinem Smartphone! So hast du mein Programm für deinen persönlichen Veränderungsprozess jederzeit bei dir. Darüber hinaus erwartet dich viel Bonusmaterial wie Meditationen und weitere Extras. Ich lese alle Tagesaufgaben selbst und gebe dir zahlreiche Impulse für jeden neuen Tag.

Die App findest du bei Apple und Android unter den Stichworten »Locker!«, »Mach dich mal locker!« oder »Patrick Lynen«.

Das Coachingradio

Für alle Leser meiner Bücher gibt es einen eigenen Radiosender. Er sendet rund um die Uhr unter *www.dascoachingradio.de.*

Das Programm sendet motivierende Gedanken, die du ganz leicht in deinen Alltag einbauen kannst. Am Morgen kannst du dir eine Dosis Leichtigkeit holen. Und am Abend kann dich das Programm wieder erden und zur Ruhe bringen. Genau dafür ist es gemacht.

Paul Kliks

Nackt gut aussehen

Endlich erfolgreich mit der Low Carb Challenge
€ [D] 14,95
ISBN 978-3-86728-303-8

Aus einer kleinen Idee entstand innerhalb kürzester Zeit Deutschlands größte »Low Carb Challenge«. Tausende Menschen fanden sich zu einer großen Gemeinschaft zusammen, die mit einem einfachen 30-Tage-Programm aus kohlenhydratreduzierter Kost und Mini-Training ihr gemeinsames Ziel erreichen wollen: Nackt.Gut.Aussehen (NGA). Der Erfinder ist einer der bekanntesten Online-Personal-Trainer Deutschlands: Blogger und Podcaster Paul Kliks. In seinem ersten Buch zeigt er, dass »fitter, stärker, sexy« im Kopf beginnt und mit dem NGA-Fahrplan, Rezepten und Bewegungstipps ganz einfach umzusetzen ist.

Meine Gedanken und Notizen:

Angst und Zweifel zerstören mehr Träume, als Scheitern und Versagen es jemals tun können.